儿童时间管理训练

康英杰 著

中国纺织出版社有限公司

内 容 提 要

本书涵盖了儿童性格分析、儿童时间意识的培养、儿童时间管理的实际操作、亲子关系等几部分内容，从儿童的日常生活和行为、性格、心理入手，通过生动有趣的案例故事、简明扼要的实践方法以及详细的实操步骤，解析儿童时间管理问题，方便家长们理解和实践，帮助家长们更好地引导孩子培养良好的生活习惯和学习习惯。

图书在版编目（CIP）数据

儿童时间管理训练 / 康英杰著 . -- 北京：中国纺织出版社有限公司，2021.4
 ISBN 978-7-5180-7830-1

Ⅰ. ①儿… Ⅱ. ①康… Ⅲ. ①时间—管理—儿童读物 Ⅳ. ①C935-49

中国版本图书馆CIP数据核字（2020）第166640号

责任编辑：顾文卓　　责任校对：高　涵　　责任印制：何　建

中国纺织出版社有限公司出版发行
地址：北京市朝阳区百子湾东里A407号楼　邮政编码：100124
销售电话：010—67004422　传真：010—87155801
http://www.c-textilep.com
中国纺织出版社天猫旗舰店
官方微博http://weibo.com/2119887771
天津千鹤文化传播有限公司印刷　各地新华书店经销
2021年4月第1版第1次印刷
开本：710×1000　1/16　印张：17.5
字数：210千字　定价：49.80元

凡购本书，如有缺页、倒页、脱页，由本社图书营销中心调换

前言

公交车上，有这样一幕：

一位妈妈面红耳赤，大声地咆哮道："我管不了你，我快被你折磨疯了，你自己跟老师说去吧！"

她的对面，是一个扎着羊角辫，背着书包的小女孩，看上去也就七八岁的样子，正在小声地抽泣着，可爱的小脸上挂满了泪珠，可怜兮兮的。

可是妈妈连看都没看一眼，继续旁若无人地控诉道："六点半就喊你起床，磨蹭到七点半才坐到饭桌前，吃饭时东张西望，吃一口掉半口，现在遂你的愿了，又迟到了，自己跟老师说去吧，别妄想我给你解释。"

整整一路，这位妈妈就没停过。

小女孩让人心疼，可这位妈妈的烦恼，相信很多家长也有同感。

"小祖宗，别看电视了，快去写作业吧！""你要是把玩手机玩游戏的劲头用到学习上，我还用这么担心吗？""看你做什么都不专心，吃个饭也东张西望。""能不能别磨蹭了，马上就要迟到了。"

"哎呀，我知道了，别唠叨了烦不烦！""每天都是一样的生活，真是太没劲了！"……

家庭中，父母与孩子的拉锯战每天都在上演。

父母着急生气——孩子做事拖拉磨蹭，注意力不集中，什么事情都往后拖，总是先玩为快，每天因为写作业熬到半夜，学习成绩却越来越差……

孩子委屈抱怨——父母不理解自己的想法，不尊重自己的意愿，总是唠唠叨叨，强迫自己做不喜欢的事情，管得太宽，什么事情都催促，打乱了自己的节奏……

这些问题，这些战争，都可以归属为儿童时间管理问题。

实际上，哪个家长愿意唠叨，愿意做这样吃力不讨好的事呢？谁不想和和睦睦地生活，和孩子快快乐乐地相处？

但现实总是不尽人意，大多数孩子都没有时间观念，不懂得如何管理和利用时间，再加上磨蹭又爱玩的本性，做事情总是拖拉磨蹭，效率低下，每天看着疲惫不堪，却没有什么成效。对于这种情况，父母如果放任不管，孩子浪费时间的问题就会越来越严重。

所以，很多父母为了改变这种情况，让孩子能够充分合理地利用时间，高效地学习和生活，就会在一旁不断地敦促说教，甚至自行给孩子安排很多学习班和学习任务，将孩子的时间安排得满满当当的，让孩子完全没有喘气的机会，每天的生活就像闹钟一样，不停地运转。

然而，这样一来，孩子的抵触情绪就会越来越严重，将父母的管教视为耳旁风，甚至故意唱反调，如此亲子矛盾就越来越严重，本该亲密无间的父子、母子却如同仇人一般。

不管不行，管也不行，到底该怎么办？父母们可真是愁断了肝肠，愁白了头发。

父母们所希望的孩子的理想状态是什么样呢？孩子睡眠充足，每天活力满满，做事不磨蹭、效率高，能够主动快速地完成老师布置的作业，并且在学业优秀的基础上还有时间做自己喜欢的事情，与其他小朋友和睦相处，还有精力发展一种特长。

如何实现这种理想的状态呢？放任不管或者一股脑地唠叨束缚都不是好的办法。孩子做事情拖拉磨蹭的根本原因，就是因为没有形成确切的时间观念，甚至不知道时间到底是什么，管理时间有什么好处，思想上不理解，又何谈行为上的改变？

对于儿童时间管理，苏联著名教育实践家和教育理论家苏霍姆林斯基曾说："儿童的时间应当安排满种种吸引人的活动，做到既能发展他的思维，丰富他的知识和能力，同时又不损害童年时代的兴趣。"

儿童时间管理并不是简单的"时间管理"，它和孩子的性格、心理、兴趣等都密切相关，而这需要的是父母们的合理引导和启发，并非单纯唠叨两句，抑或声嘶力竭地训斥。

本书将从孩子的日常生活和行为、性格和心理特点、与父母的亲子关系出发，通过生动有趣的案例故事、简明扼要的实践方法以及详细的实操步骤，从多个方面深入浅出地解析儿童时间管理问题，方便家长们理解和实践，帮助家长们更好地引导孩子培养良好的生活习惯和学习习惯，让孩子自觉按时吃饭、睡觉、玩耍，合理安排时间。

目录

第1章 性格解析：
找到影响时间管理的根源所在 / 001

孩子的性格，家长知多少 / 003
儿童性格特点与时间管理 / 006
性格特征之感性中心型 / 009
性格特征之理性中心型 / 017
性格特征之意志中心型 / 024

第2章 心理探寻：
知其所想，感其所感，行其所愿 / 037

孩子的心理，家长知多少 / 039
根据孩子行为，明确"磨蹭"的原因 / 042
原因类型之犹豫和恐惧 / 046
原因类型之报复和博弈 / 052
原因类型之吸引注意和缺乏兴趣 / 057
不当行为目的分类密码表 / 062
具体行为分析表 / 066

第3章 时间观念：
引导孩子认识时间，感受时间 / 069

借生日之际，让孩子感受时间的流逝 / 071
通过讲故事，告诉孩子时间的可贵 / 075
利用互动游戏，增强孩子对时间的理解 / 083
使用"记录卡"，引导孩子观察事物的变化 / 089
让孩子留意、估算某件事情需要的时间 / 093

第4章 管理意识：
从孩子的角度解释时间管理的好处 / 099

借用录像或监控，让孩子看到身边的"岁月神偷" / 101
"互换身份"，彼此换位思考 / 104
从常见的职业入手，给孩子一个简单概念 / 108
设置奖项，一起参与"时间比赛" / 112
让孩子体会到"统筹时间"的成就感 / 115

第5章 时间清单：
教孩子合理安排事项顺序 / 119

时间日志，记录孩子一天的概况 / 121
时间排程图，孩子的一天 / 124
为事项分类，教孩子使用"四象限法则" / 127
花样设定合理的作息时间表 / 131
吃饭魔法，小磨蹭不见了 / 136
假期表，让孩子假期不放纵 / 141
多彩学习表，让孩子轻松面对作业 / 146

第6章 实践执行：
引导孩子履行时间表 / 153

画出执行图，形象化表述执行进度 / 155

使用"特权卡"，激发孩子内驱力 / 158

设置记分卡，不要吝啬给予奖励 / 162

番茄闹钟，专注于每一个"25分钟" / 168

建立"规则"，减少"耍赖"行为 / 172

时间表做不到，不要直接惩罚 / 176

第7章 习惯问题：
改变孩子浪费时间的行为习惯 / 181

上瘾：手机、电脑、游戏控 / 183

拖延：只动嘴，不动腿 / 188

闹情绪：常以哭闹发脾气达到目的 / 193

表达：不敢说，或者表述不清 / 198

三心二意：注意力总是不集中 / 202

第8章 执行问题：
执行过程中的具体问题分析 / 207

孩子对时间表兴趣不高 / 210

孩子感兴趣却不执行 / 215

开始能做但坚持不下来 / 219

执行速度和质量不同步 / 225

第9章 以身作则：
父母的行为是最好的示范 / 229

与其改变孩子，不如先从自己做起 / 231
父母的负面情绪会燃起孩子的无端之火 / 234
亮出"时间管理成果"，激起孩子的"欲望" / 237
采取"约定"的方式，激发孩子主动性 / 241
培养优秀儿童，父母要做到的准则 / 245

第10章 亲子关系：
以爱为出发点，事半功倍 / 249

斥责和唠叨，只会让孩子越来越反感 / 251
信任和鼓励，能让孩子行动加速 / 254
对于孩子的行为，不要想当然 / 259
别心急，让孩子按照自己的节奏成长 / 263
懂得放手，留给孩子"自主"的空间 / 267

第 *1* 章 性格解析：

找到影响时间管理的根源所在

儿童教育问题,一直以来都是家长们最关注的问题之一,随着社会的发展,家长对儿童教育的重视程度也越来越深。

在如此情况下,很多关于儿童教育、培养的方式方法越来越受到家长们的欢迎,尤其是那些明星名人或专家们推荐的,很多人说有效,但更多家长在自己的孩子身上真正实践了之后,却大失所望。

为什么这对我家孩子一点用都没有?为什么同样的方法用在朋友家孩子身上就奏效,用在我家孩子身上却起了反作用?为什么别人家的孩子那么听话,而我家的孩子却这么难搞?……

这说明什么?每个孩子都是独一无二的,而这种独特性更多的是性格因素所决定的。

孩子的性格，家长知多少

每个孩子的性格都是不同的，即使同为外向或内向的孩子，也会有很多全然不同的地方，家长们对于自家孩子的性格又了解多少呢？

孩子的性格是如何形成的呢？又有着哪些类型呢？

实际上，每个人在出生之际都是有"脾气秉性"的，这被称作"先天的精神胚胎"，是由遗传基因决定的。基因的活跃造就了人类先天的气质，在生命的最初就得以体现，主导幼儿对外界刺激做出反应，并在之后成为个体人格特质的基础内核。

但这并不意味着人的性格类型是天生注定的，外界影响和强烈的个人愿望依旧能够改变性格的大方向，比如原本活泼的人可以变得内向，原本易暴躁的人也可以变得平和，只不过由于基因的作用，程度会相对弱化。

受外界影响最大的阶段就是儿童时期，根据著名心理学家弗洛伊德的观点，孩子3～5岁养成的个性特征对他的一生起到关键的作用。也就是说，这时候形成的性格特质很难再发生变化，所以在幼儿时期，家长要在孩子性格培养方面足够重视、有耐心，否则后期就容易滋生自卑、缺乏安全感、心理扭曲等问题。

在人类性格分类方面，公元前5世纪的古希腊医生希波克拉底提出的四种气质类型和瑞士心理学家卡尔·荣格提出的态度和心理活动分类是最为著名且至今仍在沿用的理论学说。

希波克拉底提出的"4种气质理论"，主要表述为：人的气质分为多血质、胆汁质、粘液质、抑郁质4种类型，拥有不同气质类型的人对待同一事件的表现、处理问题的方式都是不同的。20世纪70年代，美国心理学家、性格理论创始人弗洛伦斯·妮蒂亚根据这4种气质类型提出了4种性格理论,将人的性格划分为活泼型、力量型、平和型、完美型,与气质类型一一对应。

荣格提出人的态度类型分为外倾和内倾,心理活动有四种主要功能:感觉、直觉、思维和情感。两种态度和四种功能组合起来,也就形成了8种性格:外倾感觉型、外倾直觉型、外倾思维型、外倾情感型、内倾感觉型、内倾直觉型、内倾思维型、内倾情感型。

除此之外,不得不提到的是近年来备受推崇的"九型人格",又称"性格形态学说",它是当今最为热门的课程之一,在欧美学术界及工商界备受欢迎。

九型人格或者九种性格,也是根据人体的九种不同气质来划分的,美国汤马斯博士和史黛拉·翟思博士在《气质和发展》一书中提到,我们可以在出生后第二至第三个月的婴儿身上辨认出九种不同的气质(Temperament),它们是:活跃程度、规律性、主动性、适应性、感兴趣的范围、反应的强度、心理的素质、分心程度、专注力范围/持久性。

根据气质的强弱程度划分出的九型人格为:1型完美型、2型博爱型、3型成就型、4型浪漫型、5型思想型、6型忠诚型、7型活跃型、8型领袖型、9型和平型。

尽管划分的依据不同,性格的类型种类也不同,但实际上还是有相通之处的,比如按照对外表现的特点,4种性格理论中的完美型接近于九型人格中完美型和浪漫型的结合,力量型与成就型、领袖型中的特征多有重合。总的来说,九型人格是将性格更细分化,更纯粹化。

这些性格类型都是相对极端的情况,现实中没有哪个孩子是单纯的其中一种性格,往往是某种类型表现出优势。一般来说,每个孩子都有1种主要性格,再加1种或2种辅助性格,可以说,孩子拥有的性格特质是多种多样的,只不过其中的某一种或几种占据主导作用。且在不同的时期,不同性格特质的表现程度也会有所改变。

不管是简单分类的性格类型还是具体到孩子本身，每种性格类型都有自己的优势和不足，没有好坏优劣之分，家长更不能对之抱有偏见。

关于孩子的性格，很多家长只知表面，并没有深入了解，比如有的家长会说我的孩子很内向、不爱说话，但内向不过是性格的一个大方向，同为内向的孩子表现也会大相径庭，有的胆小不敢说话也不敢发脾气，有的极其爱面子且易怒，有的却很是平和冷静……

作为家长，如果不能对孩子的性格有更细致的认知，对其优势和不足了解不全面，在进行亲子教育时，将会受到极大的阻碍。一方面由于不了解孩子性格特点，父母就很难采取合适的教育方式，如此不仅达不到教养目的，还常会导致亲子冲突的产生；另一方面，这样的情况频繁发生，也会对孩子内心产生严重负面影响，产生逆反心理，阻碍其身心发展和成长。

每个家长都应该问问自己：你是否真的了解自己的孩子，是否对孩子的性格认识得足够透彻？

家长应当如何全面而正确地认识孩子性格中的优势与不足呢？除了日常生活中留意观察之外，还需要借助权威的书籍和方法，本章的最后附有一张弗洛伦斯妮蒂亚创建的性格测试表格，家长可根据需要在阅读本书其他章节之前给孩子做一个测试，对孩子的性格有一个较为详细的认识。

儿童性格特点与时间管理

上一节我们知道了儿童性格的形成和性格类型的划分，那么儿童性格特点与时间管理的关系在哪里呢？

前面，我们提到了"亲子冲突"，是指孩子与父母观点意愿相左的情况下产生的矛盾，而这种矛盾的产生多发生在孩子学习、生活中对时间的使用上，简单来说，就是孩子对待时间的态度和父母对待时间的态度产生了严重分歧。举例来说，孩子想先玩再写作业，但父母却希望他先把作业完成；孩子做事情慢吞吞，父母在旁边急得满头大汗。时间是宝贵的，而父母由于工作的原因，时间更是紧张，再加上学习是人生中极其重要的一环，所以大多父母都希望自己的孩子能够高效利用时间，做事情既有质量又有速度。

这种矛盾产生的主要原因就是父母没有根据孩子的性格特点采取合适而有效的教养方式，从而遭到孩子的反对，孩子的抵触又会激怒父母，冲突由此爆发。父母既没有办法说服孩子有效利用时间，孩子也会因此更加排斥父母的教育。

从另一方面来讲，很多时候孩子对待时间的态度是跟其性格密切相关的。

下面，我们按照弗洛伦斯·妮蒂亚划分的四种性格及其特点来做简要分析。

完美型性格的主要特征为：关注细节、认真谨慎、信守承诺、不自信、过分在意他人评价和看法、追求完美等。

以完美型性格为主导的孩子，很容易成为完美主义者，追求完美固然是好事，在很多方面比如航天、精细仪器等方面，不遗余力地追求完美是非常有必要的，但是在日常生活、学习中过分追求完美可能就是浪费时间。而完美主义的孩子在很多事情上都会对自己要求很高，并且会努力去达到这个要求，不管付出的时间是多少,甚至因为要求过高,还会产生害怕、紧张等消极情绪,从而阻碍自己付诸行动,表现在外部就是"死脑筋"、执拗和拖延,而拖延正是阻碍时间管理的一大"病症"。

力量型性格的主要特征为:行动力强、目标性强、领导力强、以自我为中心、不愿听取别人的建议、爱发脾气等。

以力量型性格为主导的孩子往往充满能量和奋斗精神,也常常表现出两种极端,当他们处于不好的一端时,会故意跟他人反着来,或强硬争辩,或采取相反的行为,或乱发脾气,而时间就会在这样的过程中被浪费掉,而这也是影响时间管理的重要因素。

平和型性格的主要特征为:与世无争、情绪平和、很少与人发生冲突、没有目标、没有主见、不求上进等。

以平和型性格为主导的孩子往往做事情效率极低,容易形成我们常说的"慢性子",做任何事情都是慢悠悠的,一点不着急,任凭旁人在旁边着急催促,他们仍旧"云淡风轻"。慢性子放在时间管理中,可以说是比较令家长头疼的一种孩子,他们不是不听话,甚至是非常听话,但仍旧表现得磨磨蹭蹭,让家长毫无办法。

活泼型性格的主要特征为:思维活跃、好奇心强、爱表现自我、说话不算话、注意力不集中、做事情具有随意性。

以活泼型性格为主导的孩子一般会表现出做事情三心二意,比如写作业坐不住、吃饭乱跑等,比较随意。而当家长管教时,他们往往嘴上答应得很积极,但并没有实际行动,比如让他把玩具收拾好,嘴上说知道了,可能一整天后还是原样。注意力不集中以及不把家长的话放在心上,都是阻碍时间管理的不利因素。

上述几种性格只是简单的划分,特点也相较单一,而在实际中,孩子的性格更为复杂多变,优势与不足也更为多样,对时间管理的影响会更大,也很难找到适合的教育方式。比如,有的孩子是力量型与完美型的结合,对自己要求严格,又不敢采取行动，还爱发脾气；有的是平和型与完美型的结合，既是慢性子又渴求完美，常常慢吞吞、一丝不苟地想要达到自己的目标等，这些情况相较于上述单一性格的处理更加困难。

不过，这也并不是全然没有办法，在下面的内容中，我们选择了几种典型的性格，并给出相应的教养方式供家长们参考。

性格特征之感性中心型

个性浪漫的"艺术型"

"艺术型"关键词：渴望独特、情感丰富、想象力丰富、容易沉浸在自我世界中、审美品位高、忧郁、害怕被遗弃、有很强的爆发力、好奇心强、内向或者外表开朗、内心敏感、思维活跃、缺乏耐力

案例导读

今年刚6岁的可可在身边的人看来特别像一个孤独的哲学家。

她时而会望着窗外愣神儿，又忽然兴奋地指着天上的白云问："妈妈你看那只像不像小狗，那只像不像奔跑的马……"

过一会儿又皱着眉头，扭过脸来问妈妈："小麻雀的家在哪里啊？它们的妈妈是不是不要它们了？"

妈妈说："小麻雀的家在树上，它们只是出来觅食儿，每个妈妈都很爱自己的孩子，不会不要它们的。"

这时候，可可就会躲进妈妈怀里，说一句："妈妈真好。"

当然，可可不光有温顺的一面，她要是闹起来妈妈也没有办法。

妈妈从商场给可可买了几件衣服，拿出一件，可可摇摇头，又拿一件，可可还是不喜欢。可可对衣服和鞋子有自己特别的看法，她每次都要自己看中才会穿出去，否则即使穿上了她也会闷闷不乐，甚至大发脾气。

语文课堂上,老师让写一篇小作文。可可很快写完了,语文老师拿起来看了看,没说什么又放下了。

可可回家后,心情很低落,妈妈问她怎么了,可可说:"语文老师好像不喜欢我。""为什么啊,老师批评你了?"妈妈问。"没有。"可可摇摇头,坐到沙发上,低着头摆弄自己的手。

以"艺术型"为主导性格的孩子,天生带着忧郁气质,感觉、触觉灵敏,容易察觉到细微的变化,感受深刻,他们容易沉浸在自己的世界里,会暗自喜欢和嫉妒别的小伙伴,有着自己的坚持,尤其是在审美方面。这类型的孩子情绪波动较大,很容易受到影响,对他人的评价较为在意,且他们认为很严重的事情往往在他人看来没什么,所以人们往往会觉得他们"矫情",这也是家长们跟孩子沟通的障碍之一。此外这种类型的孩子也会很贴心,很温暖,有创意,有可能擅长创作,即使不从事艺术性的工作,其文字表达和绘画能力都要比其他人更突出。

如果他们在创作方面(音乐、绘画、写作)有天赋且感兴趣,建议家长不要刻意压制,适当培养,未来也许在艺术领域会有所成就。

父母教养建议:

1. 鼓励孩子多表达。这类型的孩子可能很容易陷入悲观情绪中,且常常憋在心里,不表达不发泄,而家长可能不明所以,不知道为什么。对于此,家长一方面要鼓励孩子发泄,不要自己闷着,另一方面要引导他们用语言表达,描述心情,说出原因等。此外,他们也喜欢交心、有深度的情感交流,所以父母要时常和孩子沟通,或者听他的倾诉,鼓励孩子打开心扉,多与其他小伙伴谈心。

2. 引导孩子发现自己的优点。这个类型的孩子可能会表现出不自信,因为他们常常会把负面的评价放在心上,所以家长要善于发现孩子的优点,并且常常称赞他们。

3. 针对性训练。 重点在于让孩子走出自己的世界，多与外界接触，多带孩子跟别的小朋友玩，增加与同龄孩子互动的机会，带他们进行户外运动，不要总是闷在家里。当然，增强心理承受能力方面的训练也是必要的。

友好热心的"博爱型"

"博爱型"关键词：乐于助人、为人随和、以他人的事情为重、人缘好、情绪稳定、忽略自身需求、对家人的关注远远不及外人、常常觉得自己付出不够

小艾放学后，把书包放到家里就一溜烟跑出去了。

过了好一阵，小艾才气喘吁吁地回来。爸爸很是好奇，问她干什么去了。

小艾说："回来的时候，看见小丽拿了好多东西，所以我就把书包放回来，帮她拿东西去了。"

正说着，邻居家的阿虎过来问小艾一道数学题怎么做，小艾水还没喝完，就开始教阿虎做题，直到阿虎彻底明白，小艾才舒了口气。

晚上吃完饭，妈妈让小艾帮忙拿个东西，可是小艾却坐在沙发上一动不动，懒洋洋地说了一句："妈妈，我好累啊，你自己拿吧。"

妈妈有点纳闷："你今天都干什么了？"

"你这丫头，一放学家都来不及回，就着急忙慌地出去帮别人干活去了，一回来又给隔壁阿虎辅导功课，可不忙坏了嘛。"爸爸无可奈何地说道。

"哎呀，爸爸，小丽跟我玩得最好，我当然要去帮忙了。"小艾像个小大人似的说道。

妈妈听了之后有点心疼地说："小艾，你自己的作业写完了吗？不是妈妈不

让你帮助别人，你可以不替妈妈做家务，但是你要先把自己的事情做完再去帮别人嘛。你看现在，你连自己的事情都没有完成，还累成那样子。"

可小艾不耐烦地说："我要睡觉了，明天早上我还要早点起来去找小丽一起上学呢。"

第二天中午，小艾放学回来后，忧心忡忡地问妈妈："妈妈，我好像办错了一件事情。"

"什么事情呢？"妈妈问道。

"我今天答应把自己的芭比娃娃借给星星玩，可是，有几套娃娃的衣服找不到了，星星肯定会不高兴的。"小艾说道。

"小傻瓜，这怎么能是你的错呢？你答应借给星星玩，她就已经很开心了，怎么还会怪你呢？"妈妈安慰道。

"可是……"

"相信妈妈的话，没有什么可是，你已经做得很好了。"

以"博爱型"为主导性格的孩子，总是把别人的事情看得很重，把别人的事情放在第一位，而对自己的事情却不是很上心。这种孩子具有同理心，会体贴人、照顾人，甚至做任何事情不求回报，别人越需要自己，就会觉得越满足，当某个要好的朋友有了新的朋友后，就会觉得被抛弃。

他们善于观察周边的人和事物，对他人充满热情，很擅长交际，在与他人相处的过程中绝对迎合他人，将自我需求无限制地缩小，会积极主动不顾一切地去帮助别人。

父母教养建议：

1. 让孩子意识到"热情有时候也会是一种压力"。孩子乐于助人，在意与照顾他人是非常好的品格，但"博爱型"的孩子有时候会过于热情，以至于达到"无我"的境地，不仅忽略了自身需求，还会让他人感到有压力，因为不是所有的人都会喜欢"他人的热心肠"，过度热情反而会让他们有负担。

"博爱型"性格的孩子可能无法掌握这个尺度，一股脑地热心，从而对他人造成无形的压力，就有可能遭到他人的抗拒或不理解，如此一来孩子就会出现负面情绪。

所以父母一方面要用事例或其他方式告诉孩子"热情要适度"，否则会产生反作用；另一方面也要让他知道一个人不可能被所有人喜欢，即使他付出了很多，但被喜欢、被尊重、被需要不是建立在付出之上的。

2. 父母不应该打击孩子的助人天性。"博爱型"性格的孩子虽然会因为帮助他人而忽略自身，但父母千万不要因此而出言讽刺。切忌对孩子说这几句话："别人的事情你瞎操什么心？""自己的事情没有完成，不准出去！""别人是你爸妈吗，对他的事情那么上心！""你这孩子不是我亲生的吧"……诸如此类。多对孩子说这样的话："宝贝，爸爸妈妈会一直爱你。""妈妈知道你常常帮助别人，但是有的时候也要为自己着想，假如你为了帮助别人没有完成作业，这是不是对老师的'不负责'呀。""如果你太累了，爸爸妈妈会心疼你的，你是我们的宝贝啊"……以"博爱型"性格为主导的孩子是比较容易沟通的类型，家长选择平和的方式时常沟通，效果就会很明显。

3. 针对性训练：培养孩子的自我意识。"博爱型"孩子最大的问题就是过于忽略自我，缺乏自我意识，所以父母应该引导他认识到每个人都是独立平等的个体，把注意力转移到自己身上一些。时常告诉他，父母、朋友对他的在意和关爱。

欲望强烈的"成就型"

"成就型"关键词：追求成功、两极化人格、积极阳光、能力强、自信、明星学生、专注力、耐力、行动力、斗争精神、为达目的不择手段、喜欢成为焦点、爱表现、爱炫耀

 案例导读

盼盼三年级了，成绩一直非常好，这也一度让他很骄傲。

在盼盼最擅长的数学课上，他坐得非常端正，自信满满的样子。数学老师每提问一个问题，盼盼都跃跃欲试，并且他每次都能回答得非常好，老师也止不住地夸他，同学们都向他投来羡慕的目光，盼盼别提多高兴多得意了。

下午最后一节课要发布考试的成绩，盼盼心里特别期待。成绩出来了，盼盼考了第三名，他非常失落，觉得自己很失败。他暗自发誓，下一次一定要得第一名。

回到家里后，盼盼还是闷闷不乐的。

妈妈问他怎么了，他说这次才考了第三名。妈妈安慰道："没关系的，第三名也很好，再努力就可以了。"

但盼盼倔强地说："我的目标就是第一名。"说完，就去学习了。

晚上吃完饭，盼盼的情绪有所缓和，帮着妈妈洗碗收拾餐具，妈妈说："盼盼真乖，碗刷得比妈妈都干净。"

"真的吗？"盼盼很高兴地问道。

"当然了。"

"耶，我打败妈妈了，妈妈刷碗没有我刷得好。"盼盼高兴地叫道。

妈妈看着盼盼笑了笑，在妈妈心里，盼盼积极外向，踏实肯学习，并且做事情很有条理，但就是胜负欲太强，什么事情都要比较一番，如果自己处于下风，

就会闷闷不乐，还有可能做出反常行为。

以"成就型"为主导性格的孩子，把"成功"看得尤为重要，当然在不同的阶段，衡量成功与否的指标是不同的，学生阶段自然就是成绩。他们往往有很强的胜负欲，享受引人注目的感觉，非常注重结果，结果好就说明自己成功，结果不好就说明是失败。他们还有一个特点，就是只能赢不能输，当他们认为自己是胜利的一方时，就会非常阳光积极，展现出更强的能力；当他们觉得自己输了被瞧不起时，就会想尽办法证明自己的能力，甚至不择手段，不计代价，选择负面的方式。

父母教养建议：

1. 让孩子明白过程有时候比结果更重要。以"成就型"为主导性格的孩子，太计较得失，把比较当做乐趣。如果生活中或者在某件事情上，有哪个人比他们做得好，他们一定不会善罢甘休，并且会绞尽脑汁地打败对方，如若不能，便会深受打击，意志消沉。

所以当孩子在做一些事情的时候，父母应该有意识地引导他将注意力多放在事件的过程中，让他们感受过程的重要性。当孩子经历挫败而情绪低落时，父母不能够冷嘲热讽或者不以为然，要表示对孩子的理解，并试图让孩子发现自己在这件事情中的成长和收获，这些不仅仅是一个名次能够体现出来的，让孩子明白虽然最后没有达到理想的结果，但是过程中的所得是无法代替的。

2. 不吝于关爱。这类型的孩子往往会有这样的想法：我所拥有的一切都来源于我是第一名，我必须得最好，我必须是最成功的，否则我就是没有价值的。所以父母在教养的过程中要注意毫不吝啬地表达对孩子的爱，切忌忽近忽远，忽冷忽热，更不能因为成绩好坏、事情完成好坏来亲近和疏远孩子，这样只会更加重他们"赢决定一切"的思维。

另外，对孩子爱的表达要多体现在精神层面，少用物质奖励，多用言语关怀，给他语言的鼓励、爱的拥抱、肯定的眼神等。

3. 针对性训练：高情商、谦逊品格的培养。这类型的孩子享受优越感，当其达成预期目标时，必定会炫耀，会得意，不屑一顾，嘲笑他人。这可以说成自傲，从另一个角度来看，也是情商低的表现，容易树敌。所以父母要让孩子知道"满招损，谦受益"的道理，告诉他谦逊的重要性。另外，父母也要适当向孩子传达一些人际交往、沟通的技巧，从说话开始培养情商。

性格特征之理性中心型

活泼爱冒险的"欢乐型"

"欢乐型"关键词：乐天派、追求快乐、喜欢冒险、精力充沛、多才多艺、喜欢热闹、大大咧咧、人缘好、思维活跃、做事情容易三分钟热度、缺乏耐力、缺乏专注力、浮躁、以自我为中心

"六一"儿童节马上到了，学校要举办一场表演活动，从小就喜欢唱歌跳舞的欢欢马上就报了名。

在接下来的几天里，老师教给同学们一个新舞蹈，并且让她们回家勤练习，因为马上就要演出了。

下午放学回到家里，欢欢把书包一扔，大喊："妈妈我出去玩了。"这是欢欢的常态，她好像有用不完的精力。

"等一下，欢欢，老师留作业了吗？"妈妈叫住了欢欢问道。

"不是快儿童节了吗？没有作业，只让在家练习要表演的舞蹈。"欢欢边向外走便说道。

"那你也得重视起来啊，万一到那天出了错，也会影响到别人的。"妈妈叮嘱道。

"哎呀知道了，我都练会了，不还有好几天呢？"欢欢留下一句话跑了出去。

天快黑的时候，欢欢才回家，妈妈正在准备晚饭。

看到妈妈在搅什么东西，欢欢很好奇，跑过去也要试一试，妈妈就告诉她要怎么弄，只听了一遍的欢欢做得还像模像样的，妈妈把这个任务交给她，自己去做别的事情了。

可是妈妈刚出去不一会儿，欢欢就觉得没意思跑去看电视了。

妈妈回来的时候，发现欢欢在电视机前看得津津有味，交给她的任务却没有完成，就生气地喊了声："欢欢！"

欢欢一听，马上开始假装练习舞蹈："妈妈，怎么了，我在跳舞呢。"

"哎，这小机灵鬼。"妈妈无奈地感叹道。

以"欢乐型"为主导性格的孩子，天生喜欢自由不被拘束，善于化解压力，凡事都会向积极的方面看，但这也容易造就"拖延"。另一方面，他们思维活跃，喜欢冒险刺激，学习能力强，具备创新意识，但也容易做事情虎头蛇尾，所以在学习方面可能会比较随意马虎，但在才艺方面、人际交往方面较有优势。

父母教养建议：

1. 放任但不放纵。给孩子足够的自由时间和空间，但也要划分出"完成必做事项"的区间。让孩子自由支配大量的个人时间，但也要监督他完成该完成的任务，可做条件式的要求：比如，你把××完成，剩下的时间都是你自己的。

不压制孩子的好奇心，对他提出的问题详细讲解，夯实孩子的创新基础。

2. 寓教育于玩乐。对于主导性格为欢乐型的孩子来说，及时行乐最为重要，玩乐是他们最喜欢的，所以跟这类孩子相处的最好方式，就是玩在一起，父母可以时常加入到孩子的游戏中，在这过程中进行教育或者设计具有教育意义的游戏等。

3. 针对性训练。克服拖延和马虎，针对每天孩子需要完成的事项，划定好期限界限，适时指派给孩子需要细心耐心才能完成的任务。

审慎敦厚的"忠诚型"

"忠诚型"关键词：有责任感、警觉性高、忠诚可靠、计划性、相信权威、团队精神、努力迎合他人、缺少反抗精神、悲观主义、担心犯错、过分谨慎、不喜欢受人瞩目、多疑、不相信他人、缺乏安全感、渴望被保护

案例导读

下午放学回来，小夏就跑到妈妈跟前，蹭过来蹭过去，妈妈说："有什么事情啊，这么半天也不说话？"

小夏说："妈妈，张老师说让明天带橡皮泥去学校。"

"可是，家里没有啊。明天中午妈妈带你去买吧。你看现在天都快黑了，而且妈妈还有别的事情。"妈妈说道。

"我不嘛，老师说了明天要带到学校的，明天中午就晚了。"小夏不依不饶。

"谁说的，老师只说明天带，又没说早上还是下午，再说了没有带也可以跟别的小朋友一起用嘛。"妈妈说道。

事实上，老师也说过，有特殊情况没法带来的可以跟别的同学合用，但小夏只想明天一早就带过去。听到妈妈的反对，小夏不敢强硬反驳，只好委屈地抽泣了起来。

不得已，妈妈只好拜托了一个正在外面逛街的朋友给小夏买了回来。

第二天一早，小夏就兴冲冲地拿着自己的橡皮泥去了学校，看到小夏欢脱的背影，妈妈叹了一口气：老师的话比皇上圣旨还管用。

上午，也有张老师的一节课。课堂上，张老师问道："大家都带橡皮泥来了吗，带来的举手？"

小夏本来已经做好了举手的准备，可是看到大家都没有人举手，她就把已经

抬起来的手放下了,甚至还庆幸老师没有发觉。

小夏也不是第一次这样了,在数学课上,老师总会问,这道题大家有没有别的解法,小夏即使会也要看有没有别人举手,否则她也不会举手,等到老师把另一种解法写出来,她才会在下面小声嘟哝,我也是这么想的。

忠诚型孩子的内心是缺乏安全感的,所以她的很多行为都是在寻求安全感,循规蹈矩,会把分内的事情做好,固执、保守、谨慎是他们最显著的标签。他们往往会把心目中权威者的话奉为金科玉律,为了得到权威者的关注,常常会使自己表现得比普通孩子更好,他们遵循规则,也带有自我的固执,案例中的小夏就是把老师当成第一权威者,坚持第二天一早带老师要求的橡皮泥去学校就是源自于此。不过,他们虽然希望得到关注,但又不喜欢引人注目、独出风头的感觉,因为他们觉得那样是不安全的,所以当老师问谁带了橡皮泥的时候,小夏选择了不举手,这一特征也常被家长们理解为胆小、不爱表现自己。

父母教养建议:

以忠诚型为主导性格的孩子问题根源在于缺乏安全感、对权威的过度信服和对他人的怀疑,所以教养的目的就在于建立孩子的自信心,增强自我意识,给予其更多安全感。

1. 建立自信心。父母要多鼓励孩子,多赞美少批评,多使用积极的语言,避免消极性词汇。欣赏他们的忠诚和智慧,善于发现孩子的优点。

2. 和孩子并肩作战。不要批判孩子在某些事情上表现出来的不安情绪,比如例子中的小夏因为妈妈的拒绝而哭泣时,妈妈千万不要去批评:哭什么哭,有什么好哭的。而是应该和孩子一起解决问题。常常跟孩子说:"爸爸妈妈会一直守护你,保护你,所以不要害怕。"

3. 针对性训练。对于这个类型的孩子,训练的重点应该在如何应对负面情绪以及锻炼孩子的胆量上，当孩子出现恐惧焦虑的情绪时，父母应当帮助孩子进行调节，比如转移注意力、发泄等，胆量锻炼方面可以带孩子去参加一些野外活动或有挑战性的运动，比如真人 CS、山羊跳等。对于孩子害怕的事物，家长可以让他多去了解和尝试，最终战胜恐惧感。

深沉稳重的"思想型"

"思想型"关键词：喜欢独立思考、逻辑分析能力、不注重物质、注重精神世界、求知、探索精神、稳重、淡然、缺乏激情、有主见、不易受到影响

案例导读

楠楠从小就不是很爱说话，也不爱出去跟别的小朋友玩。就算出去，他也是蹲在旁边看着别人，然后若有所思。

有一次，妈妈问楠楠，"你为什么不跟别的小朋友玩呢？"

楠楠说："妈妈，因为他们什么都不懂。"

楠楠对事物不仅仅是好奇，还有着探索的欲望，他的口头禅就是："为什么？怎么来的？"

下午放学回来，楠楠的衣服脏兮兮的，脸上也是黑一道白一道的。

回到家的第一句话就是："爸爸，人是怎么来的？"

爸爸说："人是由猿演变进化而来的。"

"那猿类呢？又是怎么来的？"

"猿的祖先是哺乳动物中的食虫类动物，从迄今为止已经发掘出土的化石资料来分析，猿可能是由食虫类动物中的一个分支演化而来的。"

"那食虫类又是怎么来的呢？"楠楠锲而不舍地追问。

"这么说吧,咱们生活的地球上,一开始是没有生命的,大气中的有机元素经过漫长的演变合成,最终就出现了最简单的生命体,这就是生命的起源,当然也只是被大多人认同的一种说法和猜测。"

"那到底是不是真的?"

"爸爸也不知道,不如留给楠楠去探索吧。"爸爸欣慰着摸着儿子的头说道。

以"思想型"为主导性格的孩子通常不注重外在,不修边幅,生活能力较弱,因为他们把较多的精力放在了探索上。他们往往对宇宙、人类等宏观领域非常感兴趣,绝对理性,注重数据化,对于自己感兴趣的问题会追根问底,想尽办法探究其本源,对知识的获取永不满足,对于自己研究的领域表现出浓厚兴趣,难以容忍别人质疑自己研究分析得来的观点。在儿童时期,尽管他们还没有具备专业的研究能力,但也会表现出无尽的求知欲,逻辑分析能力、思想认知都远超同龄人,性格上偏内向安静,不苟言笑,对物质要求低,不擅长与人交往,常常独自一人思考,也有可能受到其他小朋友的排挤。不过他们不会逆来顺受,在很多时候非常有主见,常常会据理力争,摆出各种证据证明自己。

父母教养建议:

1. 尊重兴趣。这类型的孩子在学习上基本不用父母操心,也会有很明确和擅长的兴趣点,不过有可能偏科,父母应该尽量按照孩子的兴趣来,不过多干预他的学习。这类型的孩子将来很有可能在数学、物理等研究领域颇有建树。

不过,他们在某些事情上会表现出死脑筋,很多时候会打破砂锅问到底。对于他们的问题,家长要认真回答,如若不会,也要坦诚相告,不能含糊其辞,随便应付,最好可以跟着孩子一起探索和学习。

2. 告诉孩子不要无视生活中遇到的问题。"思想型"的孩子本身就是一个移动的问题机,但他们所提问的问题往往都是关乎专业领域的,甚至可以上升到哲学层次的，比如我们为什么要活在这个世界上、宇宙到底是什么样的等。而对生活上的事项不关心，遇到问题也不会提出来。

3. 针对性训练。对于"思想型"的孩子，主要的训练方向是生活技能和人际交往。带领孩子做家务，培养生活自理能力，多参加户外运动，锻炼身体，多带孩子与同龄人接触，鼓励其与同龄人互动。

性格特征之意志中心型

追求卓越的"完美型"

"完美型"关键词：守规矩、一本正经、善于批评、正直、有计划性、责任心强、注重效率、对自己要求较高、一般是好学生的代表、做事情有一套自己的标准、不达目的誓不罢休、有可能是"完美主义者"、在意他人的批评、自省、挑剔、爱钻牛角尖

案例导读

周末的一天，静静在家里画画，妈妈在一旁做家务，也时不时地瞟一眼静静的进度。

只见她拿着笔小心翼翼地画了一个圆，但是有点歪，便立刻擦了重画，大概三四次之后，一个连妈妈都觉得很完美的大圆诞生在了静静的笔下，妈妈正想夸她，可是静静又拿起了橡皮。妈妈马上喊住了她："静静，你怎么又要擦了啊，妈妈觉得这个画得真的非常好。""没有，妈妈你看这段线都歪了，这个不行的。"静静撒娇似地说道。

半天过去了，静静连一个太阳都没画出来。妈妈说："静静，其实弯一点并不影响什么的，涂上颜色，太阳照样又红又圆。""不，妈妈，我就要画得圆圆的。"静静一本正经地说道。

最后，静静还是坚持画出了一个令她自己满意的太阳，虽然过程中有好几次

差点放弃。

第二天，美术课上，静静自信满满地将自己的画作拿了出来，给同桌小王看。小王看后觉得漂亮，但是也提了一点建议："这个太阳有点太圆了。"静静听了之后，完全不认同，两个人就在课堂上你一句我一句争论了起来，最后还是美术老师出面调停。

虽然表面上两个人和解了，可静静心里还是耿耿于怀，回到家里，盯着那幅画看了很久。

完美型性格的孩子对于他人评价的关注更偏向于批评的一面，当别人和自己观点不一致时，通常会不遗余力地争辩，他们严于律己，也严于律人，爱打抱不平，他们有自己的原则和标准，而这标准很有可能来自父母或老师，尽管不是绝对完美，但必定是高要求。这样的性格会使他们专注于某件事情上，把事情做好，但很多时候太过坚持又会浪费时间，做事效率低。

父母教养建议：

这一类型的孩子如果专攻于一个有价值、有前景的领域，极有可能大有成就，不过更多取决于孩子的自身特长和能力。

1.尊重。对于以此性格类型为主导的孩子，当他们坚持自己的标准时，父母首先给予的应该是尊重，尊重孩子的坚持，并且要肯定孩子的成绩，避免时常在口头上否定：差不多就行了、跟刚才的差不多、也没好多少啊、你这孩子怎么这么拗啊，这样只会伤害孩子的自尊心，并不能解决问题，还有可能引发"自卑忧郁"的产生，成为敏感型完美主义者。

因为完美型的孩子骨子里对正确、高标准的追求是永无止境的，若某一件事情他们觉得自己没有达到预期，就会进行严厉的自我批评，若这时再有来自外界的批评、不认可，就很有可能被压垮，陷入崩溃。

除此之外，要在家里给足他们个人空间和时间，尽量不去干涉，让他们能够充分放松，随心所欲。

2. 引导。不可否认，在很多事情上，必须抱有钻研到底、追求极致的决心，但是在更多的事情上需要的是适可而止，恰到好处，尤其是在日常学习和生活中，太过于拔高标准无异于浪费时间。

如何让孩子意识到这一点呢？

完美型孩子的优点是守规矩，缺点是过于守规矩，所以他们经常放松不下来，时刻紧绷着，因此，在家里，父母要避免制定和强调过多的规则，譬如不许怎么样、禁止怎么样、必须怎么样，当你想要孩子做某件事情时，尽量采用商量的口吻而非命令。

其次，应当多和孩子看笑话书、讲幽默故事，培养孩子的幽默感，经常和孩子进行互动游戏，调动其性格中的"快乐"因素。

再有，要让孩子意识到"不完美也是一种美"。比如带他走进大自然，用大自然中各种形态的自然之美开导他。

完美型孩子热衷于批评，常常着眼于他人的缺点，所以父母要有意识地引导孩子欣赏他人的优点，从多角度看待事物，明白事件的两面性，增加处理问题的弹性和灵活度，避免非黑即白的判断方法。

3. 训练。因为完美型孩子关注批评，也难以接受他人的批评，所以在训练上，主要是加强其抗挫折能力、心理承受能力。

注意：在孩子转变的过程中，势必会有不适应、情绪爆发的情况，父母不能因为孩子哭闹就心软放弃，更不能一味强迫，而应该是用折中的方法处理孩子的情绪。

第1章　性格解析：找到影响时间管理的根源所在

不容置疑的"领袖型"

"领袖型"关键词：不容置疑、霸气、喜欢挑战、不喜欢被人评判和安排、不理会他人的意见、讲义气、领导力、领头人、反抗精神、冲动易怒、易发脾气、防卫性强

案例导读

佳佳非常喜欢集体活动，具体来说，他是喜欢集体活动时领导和指挥的感觉。他从幼儿园开始就比别的小朋友表现出更强的"领导力"。他熟悉规则，表达清楚，也会主动发起游戏，主动要求担任班长或者游戏中领队的角色，也因此受到很多同学的信赖。

不仅在学校如此，放学之后佳佳也是孩子王，小朋友们都喜欢跟着他玩，听从他的"指挥"。

有一天，佳佳照常和小伙伴们在一起玩，他指挥这个指挥那个，俨然一个小将军在指挥士兵。这时候，小伙伴中的一个人说："佳佳，你弄错了，这个不是那么玩的。"

佳佳一听马上说道："哪里错了，是你不会玩吧？"

"不是的，你看这里……"

"哎呀，你不想玩就别玩了，怎么那么多事情啊？"还没等那个小朋友说完，佳佳就有点着急了，音量也不由自主地提高了。

晚上回到家，妈妈把佳佳叫了过来，严肃地问道："佳佳，你是不是欺负别的小朋友了？"

"我没有，明明是他故意的。"佳佳大声反驳道。

"你再吼，再吼把你关到小黑屋。人家都跟我说明白了，你还在狡辩。"看

到佳佳不勇于承认错误，妈妈有些生气。

"我就是没错，就是没错。"佳佳的声音更大了，妈妈无奈地摇了摇头。

一会儿，爸爸回来了，妈妈把佳佳的事情告诉了他，爸爸神秘一笑："放心吧，看我的。"

爸爸走进来的时候，佳佳正气鼓鼓地坐在地上。

爸爸说："儿子，爸爸知道你喜欢指挥别人，这是非常好的事情，我的佳佳，玩游戏的时候记规则记得最好，还很会安排人，永远是最棒的，不会出错。"

听到爸爸这么说，佳佳心情顿时好了起来。

"但是，佳佳，爸爸问你一个问题，将军为什么会打败仗。"

"他枪法不准，指挥得不好……。"

"你说得不错，可能是因为这样，但是你想一个人再厉害，是不是也得有人跟着他，让他指挥才行啊。"爸爸说道。

"嗯。"佳佳点点头。

"如果一个将军像你今天对待那个小伙伴一样对待自己的士兵，时间长了，还有人听他的吗？他提出了问题，先不说对错，你是不是应该先检查一下，而不是急着否定，况且将军也有枪法不准、指挥不当的时候，每个人都会出错，有了错就要改正。"

听了爸爸的话，佳佳低下了头陷入了沉思。

领袖型孩子行动力强，做事果断，爱指挥人，喜欢当领导，但脾气暴躁，最讨厌别人给自己做安排，质疑自己的决定，越是这样越会激起他骨子里的反抗精神，这时候即使他意识到自己是不正确的，也会为了反抗而反抗。另一方面，领袖型孩子思维不是特别活跃，不懂得变通，自律性不强，在学习方面表现得更为明显。领袖型也是两种极端性格的综合体，当其处于一切都顺利的环境下，会表现得勇敢自信，是天生领袖，也能启发及鼓舞到身边的人；当其处于逆境时，就有可能产生报复心理，欺凌弱小……

父母教养建议：

1."顺从"。这里所说的顺从当然不是让父母对孩子百依百顺，而是采用"顺势"的教育方式。领袖型孩子为什么不喜欢别人的安排和建议，说白了是害怕自己的"权威"受到挑战，即便是他犯了错误，你也不能严厉地指责，否则他肯定会用更强硬的态度跟你硬碰硬，就像案例中的佳佳，妈妈批评他时，他又吼又叫，拒不承认错误，但是换种方式，当爸爸先称赞他，再用例子让他自己意识到问题所在时，结果就截然不同。所以当这类型的孩子出现问题时，父母最好使用"软"方式，更容易解决问题。

2.避免消极词汇。领袖型孩子有一种基本恐惧——被认为软弱、被人伤害、控制、侵犯，在这类孩子面前避免说"软弱是无能的表现""不要轻信别人"等诸如此类的话，当然，也要避免一味的称赞，这可能会使得他们更加不屑于他人，应该这样说："能够领导和指挥别人，你真的很棒，但是每个人都会犯错，都是平等的，不应该目中无人，虽然你有时候会发脾气，但要记住你的内心是柔软的，你应该试着去相信别人，爸爸妈妈永远不会背弃你。"

3.训练。领袖型孩子缺乏忍耐力、自控力以及灵活应变的能力，所以日常应该注意几个方面的训练。耐力、自控力的提升最好是通过运动或者培养一个长期甚至终生的爱好，平时也可以和孩子多做一些有关耐力的活动，比如赛跑、憋气等，至于变通，最好是引导孩子从多角度看待一些事物，告诉他一切都是双面或者多面的。

性格温顺的"和平型"

"和平型"关键词：和事佬、对大多数事物没有兴趣、注重细节、待人随和、不喜欢与人冲突、有耐力、慢性子、性格温和、顺应他人、被动

案例导读

兰兰正在小区公园和一群小朋友们玩，妈妈准备好了晚饭，就出门去找兰兰回家。

妈妈走到公园附近，就听见孩子们叽叽喳喳地在说些什么。妈妈心想天还早，不如等着兰兰玩尽兴了再回家，于是就坐在了旁边的长椅上，看着孩子们玩。

孩子们在讨论什么呢？原来有两个游戏，有几个小朋友想玩其中一个，另外几个小朋友想玩另一个，大家争论不休，只有兰兰一个人在最边上看着，没说什么话。

突然，其中一个孩子问兰兰："你快说一个，就差你了，现在刚好一边三个人，你站哪边？"

兰兰淡淡地说："哪一个都行，我觉得这两个游戏都挺好的。"

"不行，你就得选一个。"

"我不知道怎么选，不然你们石头剪刀布，哪边赢了就玩哪个。"兰兰说道。

终于游戏开始了，小朋友们都想要得第一名，一个比一个跑得快，只有兰兰不争不抢，在后面慢悠悠的。

天渐渐黑了，妈妈就喊兰兰回家了。

吃过晚饭，洗完漱，兰兰就乖乖地回到了自己的房间，这时妈妈走了进来，跟兰兰说："这是你明天穿的衣服和鞋子，早上妈妈有事情忙，所以你要自己去上学。"

兰兰点了点头没说话。

第二天一早，兰兰没有像往常一样按时起床，吃饭也比以往要慢，当妈妈把书包给兰兰背好，告诉她路上小心时，兰兰突然说："妈妈我有点怕。"

妈妈安慰道："宝贝，没事的，什么事情都有第一次，你要勇敢一点，按照妈妈说的一定没问题。"

以"和平型"为主导性格的孩子的潜意识里，会把"维护和谐"作为自己的责任，成为一个好相处的人，努力顺应所有人，他们害怕表达立场，害怕冲突，害怕破坏和谐，所以他们看起来很淡然，喜欢静态活动，喜欢所有的事情都有规律可循，喜欢接受家长安排的一切，这样他们就不用思考，只要按部就班。由于随和的性格，他们会有很多朋友，也擅长调解朋友间的冲突。

他们似乎只会顺应，不会反抗，但其实有的时候他们会通过某些行为来表达自己的不情愿，比如拖延和逃避，就像案例中的兰兰，她其实是不愿意接受妈妈对自己做的一切安排，但她并不会说出来，而是以拖延来表现。当这种不认同、压抑到达一定程度时，他们还有可能选择"不作为"的方式表达自己的反抗，变得毫无目标和方向，毫无立场和行动力，整日懒散懈怠、无精打采。

如果这种情况长时间得不到改善，他们的内心就会变得越来越麻木、逃避、不求上进，越来越懒，整个人也就变得死气沉沉，毫无活力和冲劲。当然，这是和平型性格最为消极和极端的情况。

父母教养建议：

1.一定要让孩子学会表达自己。和平型的孩子也有主见，只不过他们为了"和平"习惯漠视和压抑自己的观点，就像例子中的兰兰提出用猜拳解决选择的方式，这也是有主见的一种表现。针对这一方面，家长要积极创造机会让孩子表达，当然一定不能太明显，如果孩子察觉到你的意图，他只会更紧张，最好是在他比较放松的情况下引导孩子多说话，比如做游戏、走路、一起做家务的过程中。当孩子说话时，父母应当做出非常感兴趣的表现，引导他们说出更多想法，不要去忙别的，也不要插嘴。

2. 不要替孩子做决定。和平型的孩子最难的就是坚定立场，做出选择，所以家长应该从小就开始锻炼孩子"做选择"。关于孩子的大大小小的事情都尽量询问孩子的意见，如果他不表达，也要想办法让他说出来，尽量满足孩子的要求，切忌事事包办，一切做好安排，这样只会助长孩子懒散不作为的心理。

3. 针对训练。和平型的孩子一般的表现即为言听计从、动作缓慢、对新环境新事物无所适从，因而针对性训练则要加强孩子的行动力，激活性格中的冒险因子。家长可以带孩子进行一些运动量大或者带有少许冒险因素的活动，多带他认识新事物。

附：儿童性格测试表

1. 你的宝宝在日常生活中：
   A. 喜好娱乐　　B. 善于说服　　C. 坚持不懈　　D. 适应力强
2. 你的宝宝在与人交谈中：
   A. 直接　　　　B. 专横　　　　C. 观察　　　　D. 忸怩
3. 你的宝宝在人际交往中：
   A. 善于社交　　B. 意志坚定　　C. 不善交际　　D. 温良平和
4. 你的宝宝在处理事务中：
   A. 健忘　　　　B. 逆反　　　　C. 挑剔　　　　D. 胆小
5. 你的宝宝给人的感觉：
   A. 生机勃勃　　B. 贯彻始终　　C. 井井有条　　D. 愿意听从
6. 你的宝宝是否表现出：
   A. 经常插嘴　　B. 性情急躁　　C. 优柔寡断　　D. 无安全感
7. 你的宝宝在游戏中是：
   A. 发起者　　　B. 领导者　　　C. 调解者　　　D. 聆听者
8. 你的宝宝是否显得：
   A. 杂乱无章　　B. 鲁莽易怒　　C. 心思细密　　D. 经常哭泣
9. 你的宝宝思维方式为：
   A. 跳跃性　　　B. 攻击性　　　C. 规范性　　　D. 顺从性
10. 你的宝宝是否经常：
    A. 喋喋不休　　B. 排斥异己　　C. 过分敏感　　D. 抑郁妥协

根据心理学家们多年的研究发现，每个人身上都可能同时具有4类因子，即活泼、力量、完美与平和因子。

上述选项中，A选项代表的是活泼因子，B选项代表力量因子，C项为完美因子，D项为平和因子。A、B两项所代表的是外向元素，C、D两项则为内向元素。

九型人格学生测试版（家长做）

请选择一个与孩子的脾气最接近的描述，在家里，他是——

描述	性格类型	备注
读书做事都是自动自发、认真负责、注重公平与正确性，会自己管好自己，同时更喜欢当管理别人的小组长。	第一型 完美型、负责型	循规蹈矩、自发性高、讲求诚实与公正的孩子。
比较愿意分担家务或体恤父母的烦恼，乐观开朗又活泼的他在团体中人缘极佳，擅长讨长辈欢心。	第二型 全爱型、助人型	乐于助人、笑口常开、善于讨好大人的孩子。
懂得如何应付大人或讨好长辈、喜欢自我表现、自尊心强，很害怕失败或丢脸，希望自己样样都很出色。	第三型 成就型、好胜型	自信外向、好面子、十分在意输赢的孩子。
感情丰富、情绪化、极富创造力，对美有自己的见解，很能感受他人的痛苦。	第四型 感性型、自我型	很在乎如何才能有自己的风格、自尊心强、容易暗自喜欢或嫉妒他人的孩子。
好奇内敛、喜欢思考观察或一个人默默进行他的"计划"。大人很难从他的表面反应探知其内心世界。	第五型 思想型、钻研型	安静、喜欢动脑、想法独特、"闷葫芦型"的孩子。
友善合群、胆小却容易冲动，对大人有时候服从贴心，有时候又会挑战权威或表现出叛逆的行为。	第六型 忠诚型、谨慎型	可爱俏皮、容易紧张，遇事犹豫不决的孩子。
反应快、兴趣广泛但不持久、爱耍嘴皮子、表演欲强、常常是家里或团体中的"开心果"。	第七型 活跃型、开朗型	爱玩儿、聪明机灵、想象力丰富、学东西很快的孩子。
非常坚持自己的意见、叛逆冲动、不喜欢被约束、富有正义感，遇到不合心意的事时，通常会当场反抗。	第八型 领袖型、能力型	自主性高、领导欲强、不会轻易示弱的孩子。
贴心友善、温和腼腆、喜欢和家人一起活动，不喜欢与人竞争。	第九型 和平型、和谐型	容易害羞，不想被注意，但有时又会做些事情引起你的注意。脾气好、容易受人欺负的孩子。

如果孩子某一类因子数达到3个或更多，就说明他是此类气质的宝宝，有两种或以上的类型因子数达到3个及以上，说明孩子具备复合型性格。

儿童性格测试

孩子作答。如果孩子理解这些问题有难度，父母可以根据对孩子的了解，代为回答。

1. 受到表扬后你会更努力学习。
2. 你看儿童书较慢，而且总是想完全看懂。
3. 你常怀疑别人。
4. 你喜欢幻想。
5. 你从不考虑将来的事情。
6. 你讨厌做作业时有人在旁边看着。
7. 你喜欢经常去新鲜的地方。
8. 你常常想以前的事。
9. 不开心时，你总是一味生气，控制不了。
10. 你经常自己想心事。
11. 花压岁钱的时候你从来不仔细考虑。
12. 你总是很小心。
13. 你肚子里藏不住话，总想对人说出来。
14. 你很想知道别人怎么说你。
15. 你学习没有计划。
16. 你过马路很当心。
17. 你不怕麻烦的事情。
18. 如果有噪声，你总是无法静下心来学习。
19. 和别人在一起时，你的话总比别人多。
20. 你从不相信陌生人。
21. 你的服装不太整洁。
22. 你不爱说话。
23. 你很快就能熟悉一个新环境。
24. 你很注意其他小朋友的学习成绩。
25. 遇到不懂的问题你就会去问别人。
26. 你同陌生人说话很难为情。
27. 你的情绪很容易波动，一会儿高兴，一会儿又不高兴。
28. 你不敢在众人面前大声讲故事。
29. 你更喜欢做手工，不喜欢学数学。
30. 遭到失败后或者被老师批评后，你总是不能忘记。

计分：题号为奇数的题目，每答一个"是"计 2 分，每答一个"否"计 1 分；题号为偶数的题目，每答一个"是"计 1 分，每答一个"否"计 2 分。最后将各题的分数相加，其和为孩子的性格倾向指数。

标准：0～11 分内向型；12～23 分偏内向型；24～35 分中间混合型；36～47 分偏外向型；48～60 分外向型。

第 2 章　心理探寻：

知其所想，感其所感，行其所愿

在儿童成长的过程中，家长们会时不时地发现自己的孩子不知道什么时候多了一种习惯（多为坏习惯），或者行为一反常态。

比如有的孩子入睡困难，常常翻来覆去睡不着觉，缠着父母讲故事；有的孩子稍不如意就大发脾气，常与小伙伴打架、抢玩具；有的孩子本来好好的，突然躺到地上打滚，大哭大叫……

实际上，孩子有几个坏习惯、情绪突然爆发都是正常的，但是如果超出了限度，父母就不得不重视起来，那父母又该从何处入手去帮助孩子呢？

其实不管是惯有的不良行为还是某一次的反常行为，都是孩子心理出现了问题的信号，通过孩子的行为去了解孩子内心，探其所想，了解该行为的目的，方能找到缓解的方法。

第 2 章 心理探寻：知其所想，感其所感，行其所愿

孩子的心理，家长知多少

儿童心理学属于心理学的一个分支，产生于 19 世纪后半期，创始人为德国生理学家和实验心理学家普莱尔，其于 1882 年出版的《儿童心理》被公认为第一部科学的、系统的儿童心理学著作，其中指出，儿童的心理行为可以表现在儿童的行为之上。

当然，这一章节的重点并非是探究儿童心理发展的历程，也不是诊断儿童的心理痼疾，而是希望家长能够通过孩子的外在表现准确感知孩子心中所想，通过探究其行为目的，找到不良行为形成的原因，找到解决的方法。

很多家长在面对孩子做出的一系列他无法理解、无法控制的行为后，往往是先斥责一番，然后表达出自己的愤怒：这孩子怎么这样？这与其说是疑问，倒不如说是生气，所以家长们往往是把关注点放在"他怎么能这样"，而不是"他为什么会这样"上。

> 为什么妈妈只会让我"不要哭"，却从来不问我为什么哭？

> 因为家长会把关注点放在"你怎么能这样"，而不是"你为什么会变成这样"。

案例导读

一位妈妈带着儿子去买玩具，突然，原本好好的孩子突然号啕大哭起来，妈妈闻声过来，第一句话就是："你哭什么？这么大的孩子了还哭，看别人都盯着你看呢。"孩子一听哭得更起劲了，妈妈又无奈又疑惑，今天这孩子怎么这样，又哭闹又不听话。

实际上，这个孩子一直都是一个乖乖仔，对父母十分依赖，但随着年龄的增长，孩子对父母的依赖一点也没有减少，而父母却觉得他已经长大了，很多事情都应该自己去做。

这天，孩子正在挑玩具，妈妈正好看到一个熟人在门口，便留下孩子去跟朋友聊天。孩子挑完了之后，发现妈妈"不见了"，一向依赖家长的他不知所措就大哭起来，听见哭声的妈妈过来看见孩子这副模样很是不解，不知道他为什么哭，但看到他哭就很生气：已经不是小孩子了，什么事情非得靠哭来解决？于是出言训斥，而孩子还没有从"妈妈不见了"的恐惧中出来，被训斥一番，委屈、害怕一股脑涌上来，所以哭得更厉害了。

不单单是案例中的妈妈，很多家长对孩子的哭闹是非常头疼和反感的，虽然一开始有耐心，能够好脾气地对待，但如果孩子哭闹不止，到最后就总会以"呵斥"收场。其实主要问题还是父母没有弄清孩子哭的原因是什么，不知道孩子心理活动是什么，所以不管他们是温柔还是严厉，都无济于事。如果孩子善于表达，能够主动告诉父母自己的想法，事情处理起来也就相对容易得多，但大多时候，孩子不愿或者表述不清，而父母又不愿猜或根本猜不到，事情就会向着糟糕的方向发展，亲子冲突越发严重。

当然，这样的行为不止哭闹这一种，比如有的孩子爱咬手指，有的孩子容易

第 2 章 心理探寻：知其所想，感其所感，行其所愿

恐惧焦虑，有的孩子跟父母唱反调……

而这些你无法理解的行为背后可能都隐藏着孩子的心理密码，如果家长不能够及时破译，就很难帮助孩子控制自己的行为和情绪。

那么，家长该如何破译呢？一方面要注意细节观察，注意孩子这种行为前后所发生的事情，从分析中寻找答案，另一方面可以借助专业的行为分析表格，明确孩子行为背后的实际心理。

还是以上述案例，"哭"表达了孩子的什么心理呢？

案例中的妈妈，越不让孩子哭，孩子哭得越起劲。在面对孩子哭的问题上，大多数家长会将"止哭"作为第一目标，认为只有让孩子先停止哭，才能好好说话好好沟通，于是要么呵斥，要么放任不管，可越是这样孩子心里就越委屈，"哭"就更停不下来了。

一般来说，哭是负面情绪情感的外放，孩子在什么情况下会哭呢？感觉到害怕、伤心，因为孤单寂寞，或者身体不舒服、疼痛，或是某种需求得不到满足，不管是哪种情况，哭泣的孩子是极其脆弱的，这种情况下，他最需要的是父母的安慰，希望得到父母的理解。如果这时候父母只是把注意力放在"哭"这件事上，企图用各种方法制止，而不是解决孩子内心的情感问题，只会让孩子哭得越来越严重。

这只是一种行为背后的儿童心理分析，不同行为背后，儿童的心理是有所差别的，甚至导致同一行为产生的原因也是不同的，家长们可以将不同情况列成表格加以分析，以此为突破点探究孩子行为背后的心理密码。

根据孩子行为，明确"磨蹭"的原因

孩子行为背后的心理分析与时间管理有什么联系呢？

和了解孩子的性格一样，明确了孩子某一行为背后的心理，才能采取有效措施去制止或激励孩子的某种行为。了解性格，能够使家长掌握教养不同性格孩子应当采取的方式的大方向，而了解其心理，也就是摸清其动机，能够使家长掌握针对具体行为的一般教养方法。

孩子的很多行为背后都与其心理活动相关，自然，与时间管理关系最为密切的"磨蹭"行为也不例外，洞察儿童心理，解开孩子做事情磨蹭的原因，才能有针对性地对症下药，引导孩子改变不良行为，利于时间管理的进行。

孩子"磨蹭"是一种比较概括的行为，包括很多种情况，比如：吃饭磨蹭，写作业磨蹭，买东西磨蹭，睡觉起床磨蹭，洗漱洗澡磨蹭等，而导致这一行为的原因也是多种多样的，但是可以根据孩子的具体表现来确定。

在众多原因中，有一种是比较特殊的，跟孩子的心理活动没有太大关系，仅仅是行为层面的原因，那就是单纯的"慢"，这也可以分为四种情况。第一，可以与具备"慢性子"性格的孩子联系在一起，他们做什么事情都是慢悠悠的；第二，有的孩子总是觉得时间还长，对该做的事情不采取行动，如果是这两种情况，培养孩子的时间观念是重中之重；第三，要注意孩子动作的熟练程度，他们可能仅仅是因为不熟悉所以才会慢；第四，所有事情由父母包办，什么事都不让孩子做，家长全权负责。如果磨蹭行为不加以重视，久而久之就会成为习惯，不仅在一件事情上磨蹭，在所有事情上都会如此。

除了上述行层面的原因，其余都可以上升至心理层面。孩子把他心中所想、所希望的，通过行为表现出来，或为了达到某种目的，或仅仅是为了表露心情。

这样的原因可分为六大类：犹豫、恐惧、报复、博弈、吸引注意力、缺乏兴趣。

犹豫：不知道如何选择、不知道应不应该做、自己拿不定主意

这种情况多发生在需要作出选择、作出决定的时候，面对多个相似选项或者两个极端选项，孩子就会陷入犹豫之中，尽管有的时候在家长看来，没有什么可纠结犹豫的，但孩子考虑的方面跟父母肯定大不相同。因为犹豫，孩子就无法及时完成应该做的事情，在其中耗费大量时间，而这在家长看来就是磨蹭。

恐惧：对将要产生的后果恐惧、对事情本身恐惧、害怕被责备、害怕令人失望、害怕做不好

这种情况多发生在孩子认为的重大事件或者认为有危险的事件之上，比如有的孩子害怕考试，其实是害怕考不好，在这样的恐惧支配下，他们就很难静下心来去学习或者表现出不想去学校，而这在家长看来就是学习磨蹭、起床吃饭磨蹭。

犹豫和恐惧这两种心理因素与"完美型"和"平和型"性格联系较为密切，"完美型"性格的孩子因为高要求、在乎他人的看法，就容易在事情上犹豫、紧张和恐惧；"平和型"的孩子因为没有主见、过于随和、听信于权威，也常会出现这样的情况。

报复：故意浪费时间、与家长唱反调、发泄积怨、想摆脱家长的安排

这种情况多发生在父母过于干涉孩子或者因为某件事情与孩子发生了冲突之后。例如，前一天晚上，孩子想看会儿电视，父母说第二天还要上学，拒绝了孩子的要求，几番反抗未果孩子带着情绪睡着了，第二天他就会故意不起床，偏偏不去上学；还有的父母过于干涉孩子的时间安排，总是用命令的口吻让孩子做什么不做什么，这样也会触发孩子的报复心理。

博弈：拖延时间、不断试探家长底线、变本加厉

"博弈"是心理学也是经济学领域常用的名词之一，所谓博弈可以理解为"无声的谈判"。别看这么深奥的一个词语似乎与孩子不沾边，但是有的孩子却能够凭借这点把家长抓得死死的。追着孩子喂饭、恳求孩子起床的情况在中国家庭中不是个例，而这些就是孩子博弈成功的例子。在这一过程中，孩子会不断地以拖延时间作为要挟，逼迫父母让步，最终他们就可以达到为所欲为的地步。比如，开始可能孩子只是摇摇头说不想吃饭，家长立刻说吃了这一口，妈妈给你买好玩的，孩子逐渐加大力度，最后甚至就会变成"爷爷奶奶表演节目我才会吃饭"。

"报复"和"博弈"两种原因与"力量型"性格相关性最大。以"力量型"性格为主的孩子领导力强、逻辑能力强、同时极具个人想法，不愿意受到他人的安排，家长干涉得越多，越会激起他们的反抗激情，引发斗争到底的决心。

吸引注意："特立独行"引起他人注意、希望得到不一样的关注、满足依赖心理

很多孩子都存在这样的心理，希望自己得到更多关注、被重视，如果依靠正常的行为不能达到这种目的的话，他们就会想当然地认为，只有自己与他人不一样时才能得到老师和家长的关注。比如，别的孩子都在认真听课，他就会摆弄其他东西，让老师注意到他；比如，为了引起妈妈的注意，他做事情会很磨蹭，让妈妈来催促或帮助他等。这种类型的孩子其实非常具有依赖性，内心缺乏安全感。

缺乏兴趣：不情不愿、非常勉强、注意力不集中、三心二意

当孩子对某些事情不感兴趣时，往往也会出现"磨蹭"的行为，因为不喜欢，所以做起来没有动力，自然就会磨磨蹭蹭。这种情况相对更普遍，几乎所有的孩子对某件事情缺乏兴趣又不得不做时，会表现出这样的状态，最后还有可能情绪大爆发，甩手不干。

因吸引注意和缺乏兴趣而磨蹭，这两种原因与"活跃型"性格关系更为密切。思维活跃的孩子兴趣广泛、好奇心强，但容易三分钟热度，有的孩子表面开朗，

但其实是希望被关注,内心极具依赖性。

以上所说的几种情况,并不是仅有与之相关性较强的一种性格会表现出来,所有性格的孩子都会有这些行为,只不过发生的概率不同。此外,犹豫、恐惧、缺乏兴趣更偏向于内心感受的表达,而报复、博弈、吸引注意力更倾向于目的的达成。

原因类型之犹豫和恐惧

"犹豫"关键词：

纠结、举棋不定、不能下定决心、慎重、考虑全面

案例导读

周末，爸爸妈妈想带着欢欢去看望一个朋友。前一天晚上，妈妈就告诉欢欢早上九点出发，欢欢也信誓旦旦地保证肯定早早起来收拾好自己。

可现在，差十分钟就要九点了，欢欢还是什么都没有准备好。

欢欢起床并不晚，吃饭也迅速，妈妈看到觉得很放心，吃完饭就去收拾家务了。原以为欢欢早就收拾完了，谁知道现在还在磨蹭。

妈妈非常着急地在外面催促："欢欢，你好了吗？你在房间里干嘛呢？"

原来欢欢在挑选衣服，昨天妈妈刚给她买了几件新衣服，欢欢哪一件都喜欢，哪一件都想穿，于是换过来换过去，磨磨蹭蹭地就到了现在。

欢欢也开始慌了起来，听到妈妈的叫声就更着急了，不知道选哪一件，于是眼泪吧嗒吧嗒掉了下来。妈妈越等越着急，就来到欢欢的房间，一推门看见欢欢正坐在地上非常委屈地抹眼泪，妈妈便气不打一处来："不早就告诉你快点嘛？你还委屈，不就说了你一句吗？你这孩子真不省心，快点出来吧。"

"我还没选好衣服。"欢欢噘着嘴说道。

"这么久了还没选好，身上这件不就挺好的吗？就穿这个就行了，快点出发

第2章 心理探寻：知其所想，感其所感，行其所愿

了。"妈妈很是心急。

欢欢听了之后更委屈了，屁股跟长在地上似的，不动地方，妈妈只好喊爸爸过来把她抱到了车上。

在车上，妈妈担心地小声问爸爸："这孩子不会是有选择恐惧症吧？每次选东西都慢得要命，一点时间观念都没有。"

案例解析：案例中的欢欢其实是有一定的时间观念的，否则她自己也不会着急，只不过在每次做选择时，性格上的"犹豫因子"就会将她的时间观念淹没，使之弱化，于是就会出现磨磨蹭蹭无法做决定的情形。

那么这种情况下，家长该如何处理呢？首先，案例中欢欢妈妈的做法肯定是不恰当的，这种做法更加重了欢欢的消极情绪。

其实这种情况下，孩子是迷茫的，纠结的，她觉得每一种选择对自己而言都是有好处也是有坏处的，所以这时候他需要的不是催促，而是有人能给她指明方向，家长就应该扮演这样的角色，当然，这并不是要父母直接代替孩子选择，而是告诉她选择哪一个好处是怎样的，会给她带来怎样的影响。

还是以上述情景为例，妈妈进到房间看见欢欢坐在地上哭，第一句话不应当是责备的口吻，而应该是询问，先弄明白孩子为什么发泄情绪，当然这时候有些孩子不一定会像欢欢一样把原因说出来，如果不说，家长就要从周围的环境中找答案，比如衣服被翻得很乱、孩子身上的衣服扣子没系好等。当知道孩子是因为不知选哪件衣服着急才哭的时候，妈妈应该告诉她，"妈妈觉得欢欢身上这件很好看，像小公主一样，你觉得呢"，把问题抛给孩子，让她说出自己的想法。其实她有一个自己最想选的答案，但就是下不了决心，在妈妈的引导下，她就会说出这个答案，这时候妈妈只需尽量称赞她的选择即可："哎呀，妈妈刚才没看见，这件穿在欢欢身上更好看，那今天就先穿这一件吧！"

当然，事情到这里还没有完全解决，如果孩子每次做选择时都会犹豫不决，家长要尽量在旁边加以引导，告诉她不是特别重要的事情无需如此纠结和慎重，并通过一些方法（下面章节会详细介绍）加强其时间观念。

这类型的孩子还会出现这种情况，即面对很多事情就会无从下手，感到恐慌，对于这种情况，家长应当重点教孩子如何对事件进行分类，如何增强时间观念。

"恐惧"关键词：

害怕、紧张、局促不安、想得太多、小心谨慎

案例导读

案例1

小江数学成绩一直不错，老师就推荐他参加了市里的"小学生奥数赛"。小江顺利地通过了初试，且分数遥遥领先，放学后老师对小江赞赏了一番，并且对他寄予厚望："你肯定没问题，加油啊，老师和同学们都等着你的好消息。"

听了老师的话，原本就忧心忡忡的小江更加担忧了。回到家里，小江就将自己关到了房间里。吃饭的时间到了，妈妈连喊了好几声也不见小江出来，于是就跟爸爸小声说："孩子不会出什么事了吧？他不是马上要参加比赛了吗？吃完了还得复习功课呢，这都叫了几遍了还不出来。"爸爸示意妈妈不要着急，应该是学习太累了，一会儿就出来了。

爸爸妈妈都吃了一大半了，小江才从屋里出来，结果刚扒拉几口饭就说吃饱了，又回到屋里关上了门。

妈妈看小江不太对劲，就跟着进到房间里，问他怎么了，但小江怎么也不说，就是趴在桌子上，既不看书也不做题。妈妈催促了几声，大致意思就是让他抓紧

第2章 心理探寻：知其所想，感其所感，行其所愿

调整情绪看书，好好准备比赛，小江也没有应声。

妈妈回来跟爸爸抱怨道："怎么越到关键时刻，这孩子越拖拉，看得我干着急。"爸爸安慰了妈妈几句，说自己去看看儿子。

过了一会儿爸爸出来了，说："孩子是因为比赛的原因压力太大，太紧张了，我安慰了几句好一点了。"爸爸刚说完，小江就进来了，一脸哀怨地说："爸爸你说我要是考不好怎么办啊？你们会不会不高兴啊，老师肯定也不喜欢我了。"爸爸说："不会的小江，你看你初赛成绩那么好，后面肯定没问题，况且爸爸、妈妈和老师怎么会因为一次成绩就不喜欢你呢，你不要想太多，如果你真的害怕结果不好，就更应该在结果出来之前好好学习，这样取得好成绩的概率才会更高啊。"

听了爸爸的话，小江听话得点了点头，妈妈本以为没事了。可谁知第二天几乎没有赖过床的小江躺在床上就是不愿意起来。等爸爸好不容易把小江送走后，妈妈担忧地叹了口气，"小江几乎每次在对于他而言较为重要的事情发生之前，就会出现这种状态，这可怎么办啊？"

案例2

兰兰天生不喜欢水，每次洗头洗澡都像要了她的命似的，这让妈妈一度很头疼："怎么自家的孩子跟别人家的小孩就是不一样呢？别人家的孩子见了水就撒欢，她可倒好，躲得远远的。"

晚上，妈妈放好了洗澡水，来喊兰兰洗澡，兰兰应了一声继续玩自己的芭比娃娃。时间渐渐过去，任凭妈妈催促，兰兰还是一动不动，最后看妈妈生气了，才极不情愿地过来，动作慢吞吞的。

兰兰看着澡盆里的水，神色很是凝重，但看着妈妈不容置疑的表情还是跳了进去。洗澡倒还好，洗头发才是兰兰最害怕的环节，当水洒到兰兰头上时，她再也忍不住了，号啕大哭起来，说什么也不要洗了，最后还是妈妈好说歹说

劝了半天，兰兰才勉强答应把泡沫冲了。马马虎虎洗完了澡，妈妈直起身一看，已经11点了，不由得叹了口气："什么时候这孩子才能利利索索地洗澡睡觉呢？"

上述两个案例中的孩子都是因为害怕恐惧而磨磨蹭蹭，但是这两种恐惧也是不同的。

案例1中的小江平常是老师眼中的好学生，同学们的榜样，父母心中的乖孩子，而他也很享受这种感觉，慢慢就开始害怕如果自己学习不好、考试失利就会失去老师、父母、同学对自己的喜欢和称赞，所以就会出现例子中的情况，一到重大事件之前，他就开始莫名地恐慌起来，他不是害怕考试本身，而是担心后果，想得太多，瞻前顾后。

这种情况其实是比较难处理的。思想不受控，即使家长说一千句"别想那么多"，孩子还是会乱想，因此没有什么方法是能快速解决的，只能是慢慢开导和劝解，是一个相对缓慢的过程。

家长需要注意以下几个方面：这种情况下，孩子对事件可能出现的结果已经心存恐惧，家长千万不要再强调坏的方面或者施加希望，比如"你这样就会更考不好""爸爸妈妈以你为荣、不要让我们失望啊"等，这样只会再度加深孩子的恐惧。

不要再频繁督促孩子做相关的事情，比如考试之前一直唠叨"你怎么还不学习"，去参加演讲比赛之前频繁提醒孩子"准备好了吗？稿子背熟了吗"等。要留给他自我调节的时间，家长越是催促，孩子越容易慌乱，以至于最终自乱阵脚，什么都不想准备。

平常多带孩子出去走走，多做运动，提高心理素质，提升抗压能力，必要时可以做专门的抗压训练，或者给孩子报一个兴趣班，将注意力转移到其他事情上。

此外，孩子出现这种恐惧心理有时候也跟父母有很大的关系，比如父母本身

第 2 章　心理探寻：知其所想，感其所感，行其所愿

追求完美、父母对孩子要求过高等，尤其对于以"完美型"和"成就型"为主导性格的孩子，影响最为严重，如果父母有这样的问题，应当及时反思。

案例 2 中的兰兰则是对事件本身产生恐惧，她害怕水，害怕洗澡洗头发。这种害怕形成的原因可以分为两种，第一，是本性怕水，由于体质的原因，有的孩子一出生就怕水；第二，是经历的原因，看到过、听到过或者自己亲身经历过水带来的不好的情形。

当然，不仅仅是对水，很多孩子都会对某种事件或事物本身有着莫名的害怕，比如有的孩子害怕电梯，有的孩子怕过桥，甚至还有的孩子害怕用筷子吃饭等。对于某些事物的恐惧可以不予理会，因为这些恐惧对日常生活和孩子的身心发展没有负面影响，但有的恐惧就需要家长给予重视，就像例子中的兰兰一样，对水的恐惧使她磨磨蹭蹭，浪费时间，已经影响了正常的生活。

这种情况，家长应该如何应对呢？

首先，不能强迫孩子做她害怕不敢做的事情，不要给他扣上"胆小鬼"的帽子，更不要站在成人的角度去看待孩子的恐惧，进而表现出不屑：这有什么可怕的，别那么多事儿，你都多大了。当然，也不能因为孩子哭闹父母就妥协，这样永远解决不了问题。

父母要学会倾听，让孩子说出他害怕的原因，不要不以为然，找到症结所在，才能对症下药。

其次，带孩子正确认识他所害怕的事物，告诉他与之相关的知识。还是以例子中的兰兰为例，妈妈可以给兰兰讲水的分类，淡水怎么来的，水的用处等，让孩子了解得更全面，恐惧也就会降低。

当孩子经历同样的事情仍旧因为害怕而磨蹭时，家长也不要着急催促，慢慢教给他正确的使用方法、处理技巧，或者给孩子做示范等，这一过程中家长不要生气发脾气，否则会加重孩子的抵触心理。

原因类型之报复和博弈

"报复"关键词：

发泄怨气、故意为之、以使父母生气懊恼为目的

案例导读

晚上吃过晚饭，小萌想看会儿电视，妈妈却要她先把剩下的作业写完再看，可是等写完，最精彩的那一部分就演过去了，于是小萌恳求妈妈让他先看会儿，并保证看完之后马上把作业写完。但妈妈仍旧没有同意，小萌一气之下拿着书包摔门进了卧室。

大概十几分钟后，妈妈估摸着作业写得差不多了，可小萌还没出来，就敲门进去看她在干什么。

妈妈一进去，就被小萌的行为举止惊呆了。只见她穿着鞋站在床上，拿着画笔正在书上乱涂，别说写作业了，书本、作业本上全都被画得一团乱。妈妈气不打一处来，恨不得把小萌给揍一顿，但还是忍住怒气问道："你这是干什么呢？不是说写完作业就看电视吗？看你整得乱七八糟的，课本还怎么用。"但是任凭妈妈怎么生气，小萌也不说话。

过了一会儿爸爸回来了，妈妈让爸爸赶紧去管管小萌，催促她写完作业，洗澡睡觉。爸爸并没有按妈妈说的办，而是轻声问小萌为什么要这么做，是不是受什么委屈了。小萌本来以为爸爸会进来骂自己一顿，已经做好了"宁死不屈"的

准备，可爸爸这么温柔，让她的心理防线瞬间崩塌了，边哽咽边哭诉："妈妈什么都管着我，什么都得听她的，我讨厌她，我不要这样的妈妈，呜呜……"

妈妈在外面听见了心里很不是滋味：这不是为了你好吗？孩子什么时候才能懂做父母的苦心。

案例中，小萌的行为就是典型的"报复"行为，因为反抗妈妈的安排，故意不写作业，乱涂乱画。除了行为上的反抗，还会通过语言表达，比如小萌最后说的那番话，就是语言上的报复，故意说些刺耳的话，让妈妈听了伤心难过。

基于这种情况下孩子的磨蹭、"报复"行为已经发生后，父母不能"以暴制暴"，应该像案例中的父亲一样关心孩子的情绪，询问原因，而不是一味地催促和质疑，这样只会让孩子情绪更失控。

案例中的小萌在恳求妈妈的时候是相当真诚的，希望得到妈妈的信任，还因此做了承诺，但妈妈还是选择了无视，这让小萌很受打击，由此催生出对妈妈安排的不满，最终爆发。实际上，如果妈妈答应了小萌的请求，事情也不会发展到这种地步。

所以，父母要适时放手，给孩子自主的空间，给孩子做决定的权利，当然要给他们设定好规则，如果没有信守承诺就会得到相应的"惩罚"，让他意识到要对自己说过的话负责，这样做一是培养孩子的责任感，二是让孩子不拖拉、不耍赖，尽快把该做的事情完成。

如果这种"报复"行为频繁发生，父母就要先反思自己，看是否把孩子逼得太紧，干预得太多，俗话说"欲速则不达，过犹不及"，很多时候父母打着"为孩子好"的旗号，常常会提出很多要求，制定很多无形的规则来约束孩子，希望孩子能按照自己设想的那样生活学习，但现实往往是相反的，因为这样做只会让孩子觉得被控制，没有自由，自然就会想着反抗。所以父母要注意尊重孩子的个人意愿，凡事多以商量为主，不要强制命令。

"博弈"关键词：

试探、底线、无节制、得寸进尺、争取权益

案例导读

案例1

在某栋居民楼里，常常听到这样的声音："宝贝，你就吃一口吧，吃完了这口就让爷爷带你去骑大马，让爸爸陪你玩游戏！""你就吃一口好吗？"……

声音的主人就是淘淘的妈妈和奶奶。

淘淘真是人如其名，淘气得不得了，尤其是吃饭，追着喂饭的场景在淘淘身上几乎天天发生。每到吃饭时间，在家里乱跑不算什么，淘淘还会跟着电梯上下跑，奶奶或者妈妈就得在后面跟着喂，经常搅得其他邻居也不得安宁。

"淘淘几岁啦？"一个邻居问道。

"五岁了。"妈妈无奈地说道。

"五岁了还不会自己吃饭吗？我看就是你们惯的，就不喂他，看他吃不吃。"邻居建议道。

"我也知道打扰到大家了，但是你们看淘淘那么瘦，我们不喂他就不吃，这怎么受得了啊。"妈妈很是不好意思，但还是委婉地拒绝了邻居的建议。

案例2

早上起床的时候，阳阳懒散地躺在床上，其实她早就醒了但就是不愿意起来。妈妈把早餐都准备好了，就让爸爸喊阳阳起床，阳阳就冲着爸爸撒娇："我

第 2 章　心理探寻：知其所想，感其所感，行其所愿

还不想起嘛，不要起来。"爸爸说："妈妈把早饭都做好了，不然一会儿上学就迟到了。"阳阳还是摇摇头不想起来，爸爸无奈地说："这样吧，如果阳阳现在就起来，爸爸就把上次你看中的那个礼物买给你，怎么样？"阳阳心里一阵窃喜，低着头想了一会儿："好吧，爸爸你可要说话算话。"说着阳阳就爬起来开始穿衣服。

孩子跟家长博弈其实就是跟父母讨价还价，争取最大的权益。案例 2 中的阳阳就是如此，早上起床时跟爸爸"谈条件"，当爸爸提出的条件符合她心中所想时，她就会立刻行动起来，不再磨蹭。

这样的情况，也许不少家长还会认为很不错，至少有方法让孩子动起来，有吸引力的物品让孩子产生动力，因为大多数时候，孩子可能更接近于案例 1 中的情况：说什么都不管用，让父母毫无办法。

实际上，案例 1 中孩子的情况很大程度上就是案例 2 的孩子发展到后期的结果。

为什么这么说呢？

当阳阳第一次利用"赖床"博弈的方式获得礼物或者争取到权利时，下一次起床或者之后在其他事情上还会使用同样的方法吗？

答案是肯定的。因为在孩子的眼里，父母的妥协是因为他们害怕自己迟到、不吃饭等，那么他们就会把这些当成父母的软肋，且会得寸进尺，变本加厉。有的父母呢，也就真的吃这一套，或者认为满足孩子的要求没什么大不了的，长此以往，孩子就会形成一种想法：我只要不吃饭/赖床，爸爸妈妈就会给我想要的一切，慢慢的，磨蹭就会成为习惯，最终可能就会像案例 1 中的淘淘那样，好像什么对他都没有吸引力，直到说出最能打动他的事物。

如果真正地到了淘淘那种程度，改变是非常困难的，所以当孩子开始产生博

弈行为时，父母就要有应对的策略。

以案例2的阳阳为例，当她不想起床时，尽可能用其他方法吸引她起床，比如跟爸爸比赛，用她的好朋友、她喜欢的电视人物说事（××现在早就起来了呢，阳阳不是最喜欢她了吗），搬出她喜欢的老师（阳阳再不起来，××老师就不喜欢你了）等，当然也可以用买礼物、买她喜欢的东西作为引诱，但在这之后，还要有附加条件，比如之后起床都不能再磨磨蹭蹭，否则礼物收回或变成其他惩罚；也可以是鼓励型的：如果阳阳今后表现得好，爸爸会经常买你喜欢吃的东西，以此来打消孩子"得寸进尺"，利用"拖拉磨蹭"跟父母讨价还价的想法。

但是，如果孩子已经变成案例1中的淘淘那样，应该怎么办呢？

其实，案例1中不仅淘淘本身有问题，父母的问题更大，首先在孩子博弈行为产生时，他们并没有意识到这很有可能是溺爱造成的，另一方面，父母对孩子的过分关心和照顾，其实对孩子来说是一种强迫，尤其是在"吃饭"这种本能使然的事情上。换句话说，"吃饭"是人类的本能，孩子也不例外，饿的时候自然会吃，吃多吃少他也有自己的感觉，如果父母总觉得孩子吃不饱，强迫他吃饭，他就会对吃饭产生抵触心理，开始故意不吃饭，这时候父母会用各种方式吸引孩子吃饭，孩子就会成为博弈的主动方，变成淘淘那样的状态。这个时候，父母应该立刻停止对孩子的纵容，也就是说，不能再追着喂饭，而是只提一种吸引性条件，只说一次，如果他还是不吃，父母也不要因为心软再次妥协，更不能饭后让孩子吃零食。

到这种程度，想要孩子改变，只能是强制性的，不过要注意循序渐进，不要让他认为父母不顺应他是故意跟他对着干的一种方式，这样只会让他再次燃起战斗的激情，而是让孩子产生"我好像过分了，爸爸妈妈真的伤心了"的感觉，如此才能使他自觉收敛，不再得寸进尺，任意妄为。

原因类型之吸引注意和缺乏兴趣

"吸引注意"关键词：

没有安全感、渴望被关注、依赖性强、不喜欢一个人

案例导读

案例1

三年级2班的教室里，李老师正在充满激情地讲课，同学们也都聚精会神地听着，李老师环视了一周，脸上露出了满意的笑容，这时候一个不一样的身影映入了李老师的眼帘——小刚低着头在摆弄什么东西，李老师清了清嗓子，说道："同学们可要认真听讲啊，这节课很重要。"其他人都应声，只有小刚还是低着头像没听见似的。

李老师只好走到小刚旁边，敲了敲他的桌子："别走神，认真听讲。"小刚马上停止了小动作，可是不一会儿他又开始低头摆弄，这一节课下来，李老师光注意他了。

下课后，李老师向小刚的爸爸反映了这一情况，不仅上课，自习写作业也是如此，只要老师盯着，小刚就写得又快又好，老师不盯着就开始玩玩这个，看看那个的，但班里这么多学生，老师总不能把注意全放一个学生身上吧。

实际上，小刚在家里也是如此。

早上起床时，如果爸爸妈妈不在旁边，小刚就一直磨蹭，他们一来就迅速行动起来。吃饭的时候,妈妈在厨房忙,他就吃一口跑过去看看妈妈在干什么,直到妈妈过来,他才会安心吃饭。

晚上爸爸回到家里,跟妈妈说了李老师反映的情况,两人也是一筹莫展,不知道该怎么办。

案例2

下午放学后,苗苗回到家里就开始做起了美术老师留的手工作业,妈妈准备晚饭,心里还想着:孩子长大了,懂事了。

可谁知刚过了一会儿,安静的苗苗就开始"躁动"起来,她一会儿拿着用橡皮泥捏的小狗问妈妈可不可爱,一会儿又拿着木头拼成的小房子问妈妈颜色好不好看,整得妈妈心烦意乱,炒的菜不是盐放多了,就是醋放多了。

吃饭时间到了,苗苗乖乖坐到餐桌前开始吃饭,但是每吃一口,就问爸爸或者妈妈"我嘴巴张得大不大,这一口饭多不多",爸爸妈妈只能一直夸赞她,回应她。

案例1中的小刚和案例2中的苗苗的行为,都是为了吸引老师、家长的注意,博得关注,不过从表现上看,两者又有着差别,小刚更重于行动,以"个性"的行为获得关注,苗苗更侧重于表达,通过语言表述,渴望得到称赞,但归根结底,都是因为内心害怕孤独,缺乏安全感,当然这样的心理原因下形成的"博关注"行为是长期的,像小刚和苗苗,他们不是只在某件事情上或者某个特殊时间才会如此,而是常态。

按照一般逻辑,想要获得关注,得到称赞,就应该让自己事事做好,以"优秀"为标准或者有特殊的才能,但是某些孩子无法通过这样的方式达到目的,他们就会另辟蹊径,采用像小刚或者苗苗的方式来获得关注,而他们采用这种方式还有另外一个原因就是依赖性强，自认为无法独立完成很多事情，只有爸爸妈妈、老师在身边，获得他们的建议、认可才能安心。

针对这样的情况，家长应当如何应对呢？

首先，最关键的是锻炼孩子的独立性，多鼓励孩子单独完成某一件小事，比如让他去小商店买东西，出去倒垃圾，帮妈妈递东西等，从很小的事情做起，慢慢过渡到较为复杂的事情。

当孩子做得不好的时候，不要直接指出来或批评，要选择委婉的方式，孩子遇到困难时，家长不要立刻去帮忙，让他自己想办法，最不济可以引导指挥，但不能手把手或者直接替孩子做。与孩子相关的事情，要与他商量沟通，征求他的意见，把他当作完整的个体来对待，这是平常生活中父母应该注意的一些方面。

面对已经发生的具体情况，比如案例中小刚要妈妈在身边才会快速起床、吃饭，否则就磨蹭、坐不住，苗苗要爸爸妈妈时刻夸奖她等等这些，主要就是采用鼓励的方式，让他知道自己怎么做父母是高兴的，可以这么说："妈妈出去炒菜，五分钟后过来检查，小刚一定已经穿好了衣服去洗漱了，那样才是妈妈的小男子汉。"或者这样说："苗苗真的很棒，但是妈妈喜欢苗苗全部弄完了给妈妈一个更大的惊喜。"此外，针对吃饭乱跑、乱动的问题，父母也要先在口头鼓励，然后才借助于实际方法进行限制，具体方法我们在后文也会有详细地介绍。

"缺乏兴趣"关键词：

三心二意、兴致寡然、找理由、待不住

案例导读

快要考试了，各科老师都留了一些周末作业，所以星期六一大早，婷婷就开始奋笔疾书。

她先写完了自己最喜欢的语文作业,接着是英语、思想品德、生物科学等,最后只剩下了数学和物理。

吃过午饭,妈妈说:"婷婷,你不是还有一些作业没写完吗?先把作业写完,一会儿妈妈带你去超市买点好吃的。"

"嗯,知道了。"婷婷嘴上答应着,身体却像磁铁一样吸在沙发上一动不动。过了一会儿,妈妈又来催促她:"不就剩一点了吗?抓紧利利索索地写完得了。"婷婷这才极不情愿地坐回到写字桌前,开始写数学和物理。

刚写两道题,婷婷就开始发起呆来,妈妈出来看了一眼,婷婷便说自己遇到难题了,在思考。婷婷看一会儿题,抠一会儿手,要不就翻翻其他书,总之就是心不在焉的,跟早上简直判若两人。最后,婷婷跑到妈妈跟前说她已经学习一天了,而且数学、物理题都很难,她没有思路,不如先去逛超市,妈妈只好答应。

在路上妈妈问婷婷为什么其他作业都写得那么快,唯独这两科这么磨蹭,婷婷如实相告:"我觉得数学和物理很没意思,而且太难了,有的题我根本不会做。"

"那你喜欢别的科目,是因为它们有意思呗。"妈妈问道。

"对啊,那些多有意思,而且很容易学会。"婷婷说道。

妈妈说:"妈妈知道婷婷是个好孩子,但是偏科是不好的,所以婷婷要尝试着喜欢上数学和物理好不好。"

婷婷勉强点了点头:"我试试吧。"

案例中婷婷在数学和物理作业上磨蹭就是因为缺乏兴趣,偏科其实是很多小朋友存在的问题,由于本身性格特质(有的心思细腻,文艺范;有的擅长逻辑分析,重理科)、性别因素(男生多擅长理科,女生多喜欢文科),再加上一些外部因素(喜欢某个学科的老师等),导致了孩子偏科,但归根结底,最终还是以"兴趣"来评判。至于兴趣,又可以和成就感挂钩,怎么理解呢?

打个比方,一个小孩由于自身原因,从小就喜欢语文、英语等文科类学科,一般情况下也意味着他在这方面也是擅长的,他既喜欢文科,考试又考得好,成就感就会加深他对文科的兴趣。同样的,他不喜欢数学、物理等理科,如果这时候他在这方面又极其不擅长,考试经常考不好,挫败感就会使他对理科的兴趣越来越低。换个角度,他不喜欢理科,但是学得还不错,考试可以考好,那么成就感就很有可能使他逐渐喜欢上理科。

这样来看,想让孩子不偏科,就要培养孩子的兴趣,而关键的突破点就在于如何让孩子在该学科上产生成就感。

家长可以换一个视角给孩子讲相关的学科知识,比如物理,可以从物理学家的故事、趣事入手,买一些有趣的书籍,待孩子产生一点兴趣后,再让他记忆、学习简单的知识公式,做基础练习题,多让他看到"红对勾",当他某一次考试成绩比之前进步很多时,这种成就感是无可替代的,对该学科的兴趣就会陡然上升,但这时候家长不要就以为万事大吉了,如果下一次成绩不理想,他还是会回到之前的状态,所以父母要趁热打铁,继续引导他多学习这方面的知识,直到成绩稳定。

当然,不仅是偏科问题,在很多事情上,孩子兴趣的缺乏都会导致行为上的磨蹭,而培养兴趣的关键和对待偏科是一致的,都是在挑兴趣的基础上,让孩子获得成就感,进而产生兴趣。

不当行为目的分类密码表

相关行为说明	故意做出与别人不一样的不当举动,吸引父母、老师的注意
家长或老师的感受	心烦、着急恼怒、生气愧疚、内疚焦虑、自责
采取的行动	提醒、哄劝,替孩子做他自己已经会做的事情
孩子的回应	稍停片刻很快又回到老样子,或换成另一种打扰人的行为,当对其给予一对一的关注时,行为就停止
孩子行为背后的心理	引起注意,证明自己是被爱着的或是与众不同的
孩子的目的	寻求关注,操纵别人为自己奔忙或得到特殊服务,希望获得认可、关注、欣赏、身份认同、特别服务
孩子的行为密码	注意我,让我参与。唯有得到关注或特殊服务时,我才有归属感。唯有让你们为我团团转时,我才是重要的
孩子需要的回应	让孩子参与一个有用的任务,转移孩子的行为;"我爱你,而且……""我爱你,等会儿花时间陪你。"只说一遍,然后行动。安排特殊时光;建立日常惯例表;花时间训练孩子;召开家庭会议或班会;默默爱抚孩子,设定些无言的暗号;认可感受,告诉对方他很特别

第 2 章 心理探寻：知其所想，感其所感，行其所愿

相关行为说明	和父母反着来，把父母的话当耳旁风，父母越着急发火，越变本加厉
家长或老师的感受	生气受到了挑战，受到威胁，被击败
采取的行动	应战或投降；心想"你休想逃脱"或"瞧瞧我怎么收拾你"；希望自己正确
孩子的回应	变本加厉；屈从而内心不服；看家长或老师生气而觉得自己赢了；消极对抗
孩子行为背后的心理	自己做主，自己控制；唯有当我来主导或控制，或者证明没有谁能主导得了我的时候，我才有归属感；没有人能够指使或强迫我做事
孩子的目的	寻求权力，我说了算
孩子的行为密码	让我帮忙，让我参与，给我选择
孩子需要的回应	请求帮助，请对方把权力转向积极的方面；提供有限的选择；不要开战也不要让步；从冲突中撤离，让自己冷静下来；坚定而和善；只做不说；决定你该做什么；让日常惯例表说了算；在设立一些合理的限制时得到孩子的帮助；坚持到底；培养相互的尊重；设定一些合理的界限；求同存异；召开家庭会议或班会

相关行为说明	冲周围人发火或者摔身边的东西
家长或老师的感受	伤害、失望、难以置信、憎恶
采取的行动	反击、以牙还牙，心想："你怎么能这样对我？"
孩子的回应	伤害别人；损坏东西；以牙还牙；行为升级；或换一种武器
孩子行为背后的心理	因为自己感到伤心，所以要伤害别人；没有人关心我，我也不在乎你们；我没有归属感，受到伤害就要以牙还牙；我反正没人疼爱
孩子的目的	我受伤害了，请认同我的感受
孩子的行为密码	报复追求公平公正
孩子需要的回应	处理受伤的感受："你的行为告诉我，你一定觉得受到了伤害。我们能谈谈吗？"反射式倾听；别往心里去；避免惩罚或还击，说出你的感受；建立信任；做出弥补；表现出你的关心；鼓励其长处；做对方的朋友；给一个拥抱；不要把对方的行为看作是针对你的；先修复友谊，再解决问题；召开家庭会议或班级会议

第2章 心理探寻：知其所想，感其所感，行其所愿

相关行为说明	什么都不想做，懒洋洋、慢吞吞的样子
家长或老师的感受	绝望、无望、无助
采取的行动	无能为力，放弃过度帮助
孩子的回应	表现出缺乏信心更加退缩；消极；毫无改进，毫无响应
孩子行为背后的心理	1. 不愿面对任何期望，显得无助和无能 2. 相信：我什么都做不好——所以为什么要尝试呢？ 3. 拿自己和别人做比较，对自己很失望和无奈；我要让别人知道不能对我寄予任何希望；我希望你能达到我的要求;我认为替你做事是我的职责
孩子的目的	自暴自弃放弃，且不愿别人介入
孩子的行为密码	不要放弃我,让我看到如何迈出一小步
孩子需要的回应	把任务分成小步骤；用鼓励代替所有的批评；鼓励其任何积极的尝试；关注优点；花时间训练孩子；小步前进；把任务变得容易一些，鼓励任何一点点的积极努力；不要放弃；真心喜欢孩子；以孩子的兴趣为基础；说"我不会放弃你"；召开家庭会议和班级会议；提醒孩子，学习来源于犯错误并再次尝试

具体行为分析表

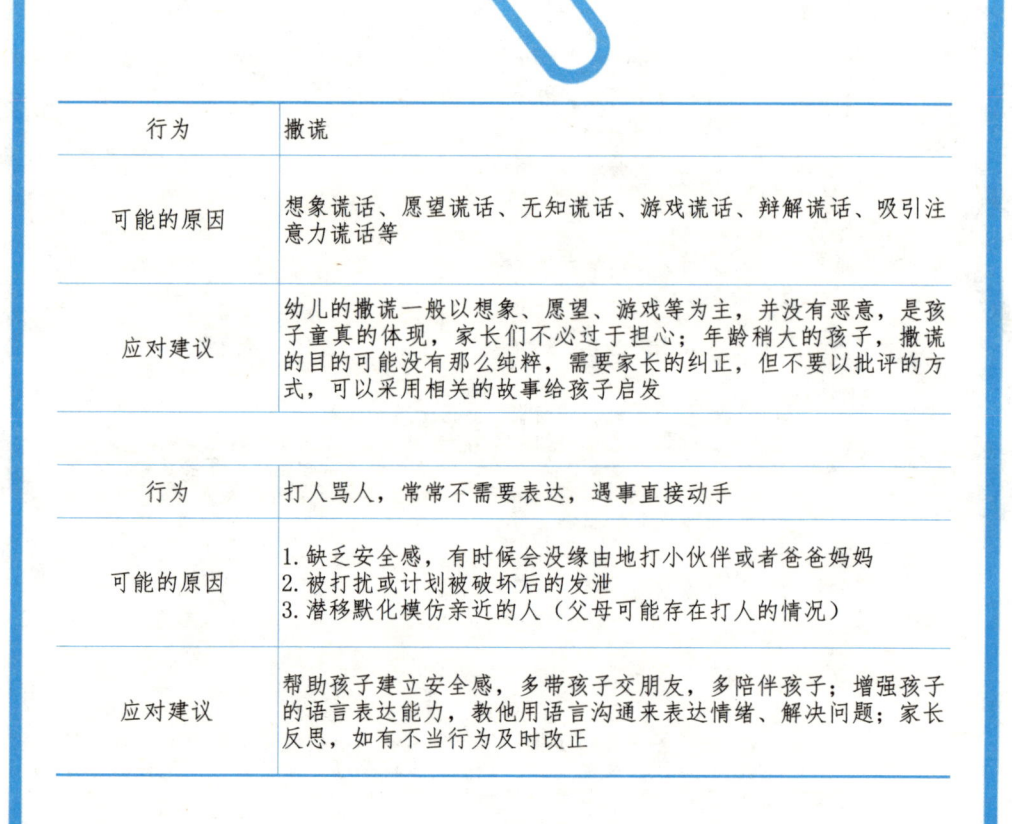

行为	撒谎
可能的原因	想象谎话、愿望谎话、无知谎话、游戏谎话、辩解谎话、吸引注意力谎话等
应对建议	幼儿的撒谎一般以想象、愿望、游戏等为主，并没有恶意，是孩子童真的体现，家长们不必过于担心；年龄稍大的孩子，撒谎的目的可能没有那么纯粹，需要家长的纠正，但不要以批评的方式，可以采用相关的故事给孩子启发

行为	打人骂人，常常不需要表达，遇事直接动手
可能的原因	1. 缺乏安全感，有时候会没缘由地打小伙伴或者爸爸妈妈 2. 被打扰或计划被破坏后的发泄 3. 潜移默化模仿亲近的人（父母可能存在打人的情况）
应对建议	帮助孩子建立安全感，多带孩子交朋友，多陪伴孩子；增强孩子的语言表达能力，教他用语言沟通来表达情绪、解决问题；家长反思，如有不当行为及时改正

第 2 章 心理探寻：知其所想，感其所感，行其所愿

行为	插话，主要针对长辈间的谈话
可能的原因	1. 对谈话内容好奇，想解决心中的"疑问" 2. 对谈话内容产生"共鸣"或有不同看法，急于想"表现"自己 3. 遇到困难急于求得帮助，可能会不顾场合打断别人的谈话 4. 受到刺激，情绪激动
应对建议	不要直接训斥，先弄明白孩子插话的原因，再决定采取什么样的方式；孩子因好奇而插话时，要认可孩子的好奇心，说明情况，告诉他谈话结束后再讨论；第二种情况，可以让孩子当众说出自己的看法，一起加入讨论；针对第三、第四种情况，父母要先安抚，然后以最快速度解决或者安排给其他家人，事后进行教育。不管是哪种情况，若家长许诺事后解答，就一定要做到并且要教育孩子在别人谈话时不要随便地打断，告诉他这样做是不礼貌的

行为	重复，重复某种行为，不厌其烦，比如一部动画片看了一遍又一遍，一个故事听了一遍又一遍，沉迷于旧事物，对新事物反倒不感兴趣
可能的原因	1. 个性发展。孩子的个性处于形成和发展的过程中，且会通过一些行为体现出来，而喜欢重复也可以看成个性的体现 2. 认知能力。孩子大脑发育不完善，很多能力如想象力、记忆力、判断力等仍处于发展中，无法在短时间内接收和处理大量信息，重复看一部动画片或者一本书，可能就是因为看一两遍无法记住或理解其中的内容
应对建议	一般情况下，几乎每个孩子都会有这样的时期，家长们不必过于担心，但如果情况比较严重，比如一直待在电视机前看一部动画片，家长们需要注意的是孩子沉迷于电视的问题，最好的办法就是转移注意力，多带孩子外出活动

行为	黏人，不想离开父母，玩什么做什么都跟着大人转
可能的原因	1. 渴望陪伴关爱和缺乏安全感的表现。不停地要东西，让家长陪着玩，孩子的目的其实是要引起你的注意，和他交流感情。这种孩子往往是情感需求比较多的，一旦大人不去关注他们，就会产生被抛弃、不被爱的感觉，尤其是独生子女 2. 心理问题的体现。一般情况下，越是娇生惯养、被过分保护、自卑的孩子越容易出现依赖人的情况
应对建议	给孩子足够的陪伴，多和他沟通，告诉他黏人是不好的习惯，有意识地尝试让孩子独立做更多的事情，不包办，不过分保护

行为	摸生殖器，主要是男孩子，总不由自主地喜欢玩弄
可能的原因	对未知的好奇和探索，在孩子的眼中生殖器官和其他器官如眼睛、鼻子、嘴巴等是没有区别的，他们的触摸是无意识的，但慢慢地这种探索会在好奇心的趋势下不断增多，最终成为习惯
应对建议	孩子的探索精神和好奇心是没有错的，而且小时候摸生殖器官也是正常的现象，需要家长的引导，否则就会成为习惯，影响孩子的正常发育和生活。家长可以用故事或游戏的方式，告诉孩子身体各部分的名称及作用，让他们知道生殖器官是不可以经常触摸的，否则会沾染病菌，容易生病

第 3 章 时间观念：

引导孩子认识时间，感受时间

世界上最快又最慢，最长又最短的东西是什么？时间！

但时间是抽象的、是虚无的，它存在于我们周围，却又看不见摸不着。对于成年人而言，生活的经历和阅历已经让他们对时间有了清晰的概念以及敬畏心，能够感受到时间的流逝和宝贵，但对于孩童而言，时间是什么？他们却并不是那么了解。

很多家长都会抱怨，看了很多时间管理的书，也将其中的方法用在了孩子身上，但效果微乎其微，甚至还产生反作用，引起孩子的反感。

这是为什么呢？因为孩子脑子里没有时间的概念，也并不觉得时间有多珍贵。当你天天念叨时间宝贵，要珍惜时间、管理时间时，孩子心里其实在怒吼：天天时间、时间，时间到底是什么？有什么可珍惜的？我为什么要管它？

因此让孩子学会时间管理的第一步就是认识时间。

从孩子的角度和世界来看，尤其是年龄较小的儿童，他们认识某一种事物、事情的途径，就是通过自己的各种感官，获得最直接的印象，然后作出相应的反应，比如看到美丽的事物会微笑，听到喜欢的声音会兴奋等。但是时间呢，既没有具体的形态，也没有味道，更没有声响，孩子是无法轻易捕捉到的，所以家长就先要解决这一问题，让时间"有形化"，让孩子感受到时间。

借生日之际，让孩子感受时间的流逝

大人们总在说时间多么多么宝贵，时间流逝得多么迅速，但孩子们其实并不理解，或者感受并不深刻，他们嘴里虽然背着各种各样关于时间的名言，"一寸光阴一寸金，寸金难买寸光阴""光阴似箭，日月如梭"……但也仅仅是"从嘴里说出来"，并没有真正进到脑子里，并不理解。

有的家长说：有一次，孩子边写作业边玩，我就在旁边说："宝贝，时间过得很快的，你再不认真写作业就写不完了，明天会被老师批评的。"孩子说了句"知道了"，但依然吊儿郎当的，等我再催他的时候，他索性就直接无视了。

还有的家长说：孩子都上三年级了，嘴里哼哼着"时间是金，其值无价""珍惜时间可以使生命变得更有价值"，可实际上还是一样磨磨蹭蹭的，做事情三心二意，浪费时间。

看来，让孩子意识到时间的宝贵，产生对时间流逝的危机感极其有必要。父母之所以不能让孩子有这样的感觉，是因为他们虽然每天都在强调，但孩子却始终不能理解。而"生日"就是让孩子进入情景之中，对父母的话产生自我理解的一个不错的机会。

今天是周六，正好是小雅的七岁生日。一大早妈妈就起床开始忙活了，小雅则赖在床上一直不起来，妈妈好说歹说把小雅从床上拉了起来，督促她洗漱，吃完早饭后说道："小雅，妈妈要去菜市场买点菜和肉，等晚上给你做生日大餐，你的任务呢就是跟妈妈一起去,挑你喜欢吃的东西。"小雅一听,就兴奋地答应了。

晚上妈妈做大餐的时候,小雅跟着爸爸一起给妈妈打下手,但妈妈还是累得满头大汗,终于饭菜上桌了,爸爸把他买的大蛋糕也放到了桌子上,在上面插了几根蜡烛。

让孩子尽量参与到自己的生日准备中来,如果他兴致不高,可以用他感兴趣的方面作为吸引元素,就像小雅的妈妈说让她自己挑喜欢吃的东西一样,在大人的带动下,孩子也会变得积极,就像爸爸和小雅一起为妈妈打下手。让孩子参与进来,生日的意义才会更加凸显。

"祝你生日快乐,祝你生日快乐……"三个人一起唱起了生日歌。

"小雅,快许个愿吧。"爸爸说道。

"我希望自己像爸爸一样高高的,像妈妈一样漂亮。"小雅高兴地说完,就撅起小嘴把蜡烛吹灭了。

"宝贝,你数数看有几支蜡烛。"妈妈说道。

"1、2、3……7",小雅兴奋地说,"有7根。"

"去年是几根呢?"爸爸问道。

小雅歪着小脑袋想了想,随即摇摇头:"去年没有数蜡烛。"

"是6根,今年比去年多一根。"妈妈说道。

"对啊,我又长大了一岁,所以蜡烛又多了一根。"

"小雅长大了,爸爸妈妈却变老了。"

"那我们永远插6根蜡烛,这样爸爸妈妈就不会老了。"

"时间过去了就不会回来了,就算是蜡烛的数量不变,我们还是一样会老,小雅也会一样长大。"

"为什么呢?我不要。"小雅撅着嘴说道。

第 3 章　时间观念：引导孩子认识时间，感受时间

妈妈起身去了卧室，回来后手里多了好多小衣服，妈妈把它们一件件铺开，指着说道："这是小雅一岁生日时候穿的衣服，这是两岁……这是去年的，小雅看看现在还能穿上吗？"小雅拿着试了试，有的根本连胳膊都塞不进去，有的能穿上，但是很短。

使用某些道具帮助孩子充分理解时间一去不复返的道理，让他能够从自己的角度去认识时间，不要用大人的角度去反复说教和强迫孩子。

"所以，宝贝，就算你只插一根蜡烛，你也不可能再变回一岁时候那么小了，爸爸妈妈眼角的皱纹也不会消失"，爸爸说道，看见小雅有些沮丧，爸爸又接着说，"但是，这也不是全然没有好处，比如小雅长大了就可以替妈妈做饭洗碗，妈妈就不用那么累了，而且……"

"而且什么呀，爸爸，你快说呀。"小雅催促着。

"而且，还有一种魔法，可以让时间慢一些。"爸爸神秘地笑着。

"是什么呢？"小雅好奇地问道。

"你想啊，如果你在起床时能够快一些，把 15 分钟变成 10 分钟，剩下的 5 分钟就是多出来的，这样时间不就'慢'了吗？如果你所有的事情都能做得稍微快一点并且还能有序地进行，多出来的时间就会更多，能做的事情也就更多，这就是管理时间。"小雅似懂非懂地点点头。

"哎呀，光顾着聊天了，饭菜一会凉了，我们先吃饭吧。"妈妈说道。

晚上，小雅躺在床上，突然趴到妈妈耳边，说了句："妈妈，我好像知道时间是什么了。"

当孩子对时间流逝有一些概念后，适时做一个总结加深他的理解和记忆，还要告诉他时间流逝的"好处"，不要让她产生恐惧感，最后可以稍微提一下"时

间管理"的概念，不过这时不用深度解读，给孩子留下一点印象即可。

上述场景就是一个相对成功的引导案例。其实让孩子理解一些东西并不难，重要的是家长需选择正确的表达方式，孩子有他自己的世界和认知的途径，如果只是站在大人的角度一度灌输某种道理、思想、做事的方式，孩子是不会理解的，孩子不理解自然就听不进去，父母就会唠叨或者生气，如此一来，孩子就会更抵触。

所以，一定要以合适的方式告诉孩子你想让他知道的事情，借助生日的机会，让他意识到时间的流逝，让孩子从自己的角度去理解新事物。

通过讲故事，告诉孩子时间的可贵

还记得你小时候依偎在父母身旁听故事的情景吗？

相信每个人的童年都有这么一段温馨的难以忘怀的经历：你眼神中透露着渴望，语气中带着哀求，对父母恳求道"爸爸妈妈，给我讲个故事吧"，那时候，爸爸妈妈讲的故事对我们有着强烈的吸引力。

自然，给孩子讲故事也是每个家长都会做的事情之一，而"故事"也成为了家长与孩子沟通的重要纽带。为什么这么说呢？因为大多数孩子对"故事"都有着特殊的偏爱，有的时候他们不愿意听大人们在说些什么，或者干脆充耳不闻沉浸在自己的世界里，但只要提到"讲故事"他们就会兴趣盎然，乖乖坐下来，认真听父母说出的话，且还会不时发问，这表明他们此时将父母讲的故事听到了心里，进行了思考，因此产生了疑问。

为什么小孩子都喜欢听故事呢？实际上，人们从小到大都对故事有着渴求，只不过小的时候表现得更为强烈。有人说故事是"来自远方的亲身经历"，它是奇特的、罕见的，但同时又可以让人们置身其中，产生无限向往、遐想和深思。年幼无知的孩子缺乏经验知识阅历，因此好奇心也极为茂盛，这时候爸爸妈妈口中的故事，一个个鲜明的人物极大地满足了他们的好奇心，也将他们的想象力发挥到极致，他们无法分辨真假，对故事中的世界充满向往，甚至会效仿故事中人物的行为。而随着年龄的增长，人们就能根据自身具备的知识经验去分辨故事是否真实，而这时"虚构"故事的吸引力会降低但依然存在，尽管意识到小时候的某些故事是假的，但它们带来的惊奇和幸福的情感体验却真实地留在了心中，同时相对"真实"的故事更能引发他们的思索。

因此，故事能吸引孩子好奇的目光，是连接已知与未知的桥梁，能够对孩子产生深远的影响。通过讲故事，将父母想要说的话传达给孩子，是非常值得一试的方式。

不同的年龄阶段，孩子可以接收的内容不同，5～10岁的孩子虽然仍旧处于懵懂期，但已经具备了一些认知判断能力，所以家长讲述的故事类型已经可以跳脱"童话""神话"的局限，可以从"小蝌蚪找妈妈""牛郎织女"等单纯满足孩子好奇心的故事中抽离，逐渐转向带有"教育意义"的故事。

在"时间管理"方面，家长可以给孩子讲一些名人古人如何对待时间的事例、虚构但相对真实的故事。当然，这类故事没有传奇的色彩、离奇的情节，对孩子的吸引力可能不大，所以家长就要尽可能地将故事讲得生动有趣、通俗简单，让孩子能听懂且愿意往下听。

案例导读

爸爸：小杰，今天爸爸给你讲一个特别有趣的故事好不好？

小杰：好啊好啊，爸爸你快讲吧。

爸爸：在开讲之前呢，爸爸先给你介绍一个人（拿出富兰克林的图片），知道这是谁吗？

小杰摇摇头。

爸爸：他叫富兰克林，生活在距现在200多年前的美国，是伟大的科学家、发明家、政治家，领导美国的独立战争，还发明了避雷针，开办过学校、印刷厂。

小杰：什么是避雷针呢？

爸爸：很多高楼顶上都有一个尖尖的像针一样的东西，是用来保护建筑物、高大树木等避免雷击的，你看就像这样（爸爸找出一张避雷针的图片给小杰看）。

小杰：哇，好厉害，我也想像富兰克林一样发明这么厉害的东西。

爸爸：爸爸今天讲的故事就是关于他的，小杰想不想听呢？

小杰用力点点头。

爸爸：故事发生在富兰克林印刷所开办的书店内，一个年轻人在一排书前徘徊了好久，然后指着一本书问店员："这本书多少钱？"

"1美元。"店员告诉他。

"能不能便宜一点，打个折吧。"年轻人试图还价。

"先生，定价就是1美元，不能再便宜了。"店员说道。

年轻人又溜达了会，问道："富兰克林先生在吗？"

"在，但是他很忙。"店员说道。不过年轻人坚持，店员只好把富兰克林先生叫了出来。

小杰：他为什么非要见富兰克林先生呢？

爸爸：他或许想着富兰克林先生出来能给他便宜一些。（爸爸接着讲）年轻人看到富兰克林先生，开口问道："富兰克林先生，这本书最低价是多少？"

"1.5美元。"富兰克林先生斩钉截铁地回答。（爸爸又换了一种浑厚的声音）

"为什么？刚才店员还说1美元呢？"年轻人惊讶地叫起来。（爸爸也作惊讶）

"没错，"富兰克林先生说，"刚才是1美元，但是你耽误了我的时间，而这个损失远远大于1美元。"

年轻人有些难为情，想尽快结束谈话，于是再次问道："富兰克林先生，耽误了您的时间我深表歉意，那么您现在最后一次告诉我最低价格吧。"

"2美元。"富兰克林先生面不改色地回答。

"我的天，您就是这么做生意的吗？这简直是愚弄顾客，你刚刚还说是1.5美元呢。"年轻人愤怒地说道。

"我刚才是说1.5美元，但那是建立在你耽误我较少的时间之上，而现在你浪费了我更多的时间，这远比2美元更有价值，你再这样磨蹭下去，那本书只会越来越贵。"富兰克林先生冷静地说道。

年轻人听了不再说话，把钱放下，拿着书灰溜溜地走了。

爸爸虽然是一个人在讲，但用了三种声音，好像真的有三个人在对话一样，小杰听着入了迷，好一会才回过神来。

小杰：最后年轻人为什么还是付钱了呢？那本书不是更贵了吗？

爸爸：那是因为他听懂了富兰克林先生给他上的"一堂课"。富兰克林先生非常看重和珍惜时间，他最先提出了"时间就是金钱"的说法。小杰想一想，那个年轻人明白了什么？

小杰：爸爸，我知道了。那个年轻人耽误了富兰克林先生工作的时间，富兰克林先生就跟他多要钱，是想告诉他，时间是宝贵的，不能轻易浪费。

爸爸冲着小杰竖起了大拇指。

上述情境中，爸爸先给孩子介绍了故事的主人公，让孩子产生了崇拜感和兴趣，接着又进行角色扮演，使孩子对故事有代入感，最后向孩子传达故事的内涵，并让他主动思考，明白时间是宝贵的。

首先，在故事选择上，尽量挑选"情节有趣"的。比如"孙敬头悬梁锥刺股""陶侃日月如梭"等故事。即使故事不是那么有趣，家长也要想方设法引起孩子的兴趣，比如可以自己编故事，以动物、植物为故事主角。

其次，要让孩子有代入感，用孩子的语言讲述。为增加故事的趣味性，家长可以进行角色扮演，必要时可以借助道具。

最后，要耐心回答孩子提出的问题，引导孩子思考，不吝啬称赞。

第3章 时间观念：引导孩子认识时间，感受时间

给孩子专属"手表"，让他听到时间的"脚步声"

提到时间，人们一贯会将其与"钟表"联系在一起。生活中，钟表是我们不可或缺的一种用品，它可以告诉我们时间的流逝，可以让我们尽可能免于迟到，也可以提醒我们做某件事情的时刻到了，还有一点，它是将时间"有形化"的典型物品。

每个家庭中都会有一个钟表，但随着时代的发展，电子产品的盛行和更新换代，钟表已然成为了摆设，取而代之的是小型的闹钟或者手机，而手表也成为了孩子们希望接触的第一件电子产品之一，除却成人手表之外，儿童手表也有了很大的变化，比如目前市场较为流行"电话手表"，一度非常吸引孩子的目光。

很多家长会认为手表没有什么用，因为在家里，有钟表、闹钟、手机，在学校也会有。给孩子买这样的物件并没有什么用处，反而还会分散他们的注意力。

事实上并非如此，手表相比于钟表、闹钟更具移动性，方便携带，可以让孩子时刻"看得到"时间；相比于手机又更为简单，无法安装各种游戏。智能手机的普及让家长们似乎都有了同样的一个毛病，看时间时总是习惯性地拿起手机。试想，当一个五六岁的孩子问"妈妈几点了"，你摸索出来手机，告诉他几点了，孩子会不会学你也开始用手机看时间呢？久而久之，大概就会染上"手机瘾"，所以现在的孩子从四五岁开始就能熟练操作手机、iPad 已经不足为奇，而家长要从自己身上多找原因。

当然，不单单是买一只手表的问题，如何打造孩子的"专属"手表才是关键。

有的家长给孩子买手表只是孩子要求的，并且对这件事也不会关注太多，更不会注意孩子怎么使用手表，所以有的孩子其实根本对手表的认识并不深刻，甚至只把它当做一个装饰品，变成跟小伙伴攀比、装酷的物品之一。

给孩子买一支他喜欢的手表，让他亲自挑选

买的手表不一定是最贵最好的，但一定是孩子喜欢的。专门找一个合适的时间带着孩子去商城挑选，让他知道你对这件事情的重视程度——不单是买一个东西那么随意。尽量遵循孩子的意愿，但家长也要适时给出建议，比如有的孩子比较活泼好动，就需要耐摔防水的手表。不过购买时还是要以孩子的意愿为主，让他有种自己给自己买东西的感觉，千万不要因意见不合而闹别扭，不愉快的购物经历会让孩子对购买的物品产生负面的抵触情绪。

教孩子正确认识和使用手表，自己设定起床时间

已经步入小学阶段的孩子已经或多或少接触了有关时间的知识，同时也具备了某些生活经验，关于手表的使用自然不用过度关注，对于更小的孩子而言，可能对手表还没有概念，家长要非常耐心地回答他们的疑问。

不要让手表只成为一种装饰品，而要让它发挥作用，手表最好选择可以定时的，这样用起来会更加方便。例如，让孩子自己设置起床提醒，不仅如此，很多事件的提醒都可以用手表来完成，比如写作业的时间到了，与好朋友约定去玩的时间到了等，可以把学习和玩耍都与之结合在一起，让孩子对手表产生一种"特殊"情感。这样可以帮助父母摆脱"催促"的烦恼，也可以让孩子从"唠叨"中解脱，慢慢养成自觉。

利用手表设定一些计时游戏，让孩子充分感受时间

比如，孩子在看动画片或者电视剧时，让他对里面的人物完成某件事情所用的时间进行计算；学习时让他对自己做完一道题的时间进行计算；或者对妈妈做完一顿饭的时间进行计算，对爸爸打扫卫生的时间进行计算等。

通过这些练习让他意识到时间可以让人们做很多事情，它可以是剧情的变化、也可以是一道题的完成、一顿可口的饭菜甚至一个整洁干净的家，感受时间的魅力。

第3章 时间观念：引导孩子认识时间，感受时间

孩子会认时间不代表会计算时间的长短，在孩子完成一项小任务的时候，通过计时器来帮助孩子建立时间观念。把小闹钟放在身边，或者定时告诉孩子剩余时间，让孩子对时间建立起内在的感受。注意，你不是在教孩子靠闹钟来生活，而是帮助孩子意识到1小时、15分钟或者5分钟在自己心中是多长。

认识钟表

对于学龄前期的小朋友来说，尽管他们有的已经步入幼儿园阶段，但其实还是以玩为主，在幼儿园的学习也是以娱乐为主，并且很难形成长远记忆，所以当孩子回到家之后，家长也要适时提醒孩子温习所学的知识，比如对"指针表"的认识，很多小朋友对数字表的认识是比较迅速的，但是指针表就比较困难，家长可以利用一些道具引导孩子去认识。

- ☐ 让孩子学会从1数到60，并记忆。
- ☐ 和孩子一起制作卡通钟表或手表。
- ☐ 先学习整点和半点，便于理解。
- ☐ 再画上分钟刻度，告诉孩子每大格是5分钟，每小格是1分钟。
- ☐ 通过观察真正的钟表告诉孩子指针之间的关系，如何转动。
- ☐ 让孩子在道具上自己练习。

手工课

制作卡通手表或者钟表的一般方法：

手表：用纸或纸板，剪出一大一小两个圆，可以画上卡通图像或者剪出花边，粘上耳朵等，再涂色；把大圆对折在两边剪两个缺口，以便穿表带；用瓦楞纸剪

一个长条作为表带,从大圆的缺口穿过,把小圆贴到大圆中间,写上数字刻度。用海绵纸剪出中间的固定点以及时针分针,可以将固定点穿过小圆用胶水粘在大圆上,最好做出多个角度的指针和分针组合,不断替换,检验孩子的学习成果。

钟表:相较于手表,钟表相对简单,可以省略剪缺口和表带的步骤。底盘可以用类似于盛放生日蛋糕的纸盘,在彩纸上写出1～12的刻度,描成双层按照形状剪下来,贴在纸盘上。用卡纸剪出时针分针,用两脚钉穿过叠放的两个指针和底盘,固定下来,这样指针就可以随意转动。

利用互动游戏，增强孩子对时间的理解

儿童很少有时间概念，他们对时间理解起来很困难，家长老师教起来也不简单。很多时候单凭嘴上的教授以及简单的道具很难使孩子们对时间有更深层的了解，或者说只能形成很短暂的记忆，无法真正记在心里。

如何解决这一问题呢？研究表明，通过整合身体形象、身体动作以及视觉想象，人们可以将某一抽象的难以理解的概念形成自我概念，同样通过上述方式，让孩子置身于时间环境之中，时间对于他们就成了一个十分个人的概念。

那么究竟有哪些游戏能够产生这样的功效呢？事实上，父母与孩子共同制作卡通闹钟，也有这种效果。除此之外，还有另外几种，这些游戏的展开建立在孩子对钟表有一定的了解基础之上，形式上可以是父母和孩子互动进行，也可以把几个小朋友聚集在一起，效果更明显。

游戏一：人体时钟

首先让孩子闭上眼睛把自己想象成时钟，将手臂伸展模拟指针做圆周运动。父母指挥孩子把手臂放在相应位置，让孩子说出所在位置的时间，之后互换，让孩子指挥父母，父母说出时间点，让孩子自行判断是否正确。在这一过程中，孩子身体的参与程度在一定程度上决定了他理解和掌握的速度。

在家里自备的黑板上画上一个大圆，简单列上刻度和1~12的数字构成钟面，或者用纸制作一个这样的大型钟面贴在墙壁上。

让孩子把自己想象成某一种类型的时钟，并让他描绘自己的样子，激发孩子的想象力和兴趣。

让孩子站在黑板或者壁钟面前，手臂举过头顶停留在12点钟的位置，想象自己一只手臂比另一只手臂长，并规定好哪一只是长的，作为分针，哪一只是短的，作为时针，且两手臂所代表的指针要根据实际情况进行不定时交换。

家长报时间点，孩子把手臂移动到相应的位置。孩子先睁眼找到位置，然后闭上眼睛凭感觉再找，熟悉之后，家长随意报时间点，孩子即刻用身体找到相应位置。孩子、家长可互换提问。

游戏二：时间炸弹

用一个轻便的闹钟或可定时提醒的手表，设定几十秒或者几分钟后震动，从最开始拿着钟表的参与者开始提问问题，回答完毕且获得大家认可后，可把钟表递给下一个人，以此类推，闹铃在谁的手中响起，就要接受惩罚。

游戏三：老狼老狼几点了

"老狼老狼几点了"是非常简单且经典的游戏，几乎每个人小时候都玩过，只不过由于地区不同，叫法有所不同。

原游戏是这样开展的：一个人充当老狼，其余人充当小羊，老狼背对小羊，小羊问"老狼老狼几点了"，老狼需背过脸回答"×点"，在这一过程中，小羊要按照老狼说的几点前进相应的步数，例如回答8点则前进8步。老狼回答完随即扭头，这时候哪个小羊不是静止状态就会被老狼发现，退回起点。若小羊前进至可触碰到老狼身体的任意部分，触碰后逃回起点不被老狼抓住则小羊胜利，被抓住的小羊担任下一轮的老狼，另一方面老狼可以根据小羊的位置喊出不同的内容，当小羊快要触碰到自己时，老狼可以回答"吃饭时间到了"，便可以开始"捕食"。

改编版：制作一个大型钟表挂在墙上，指针最好是可以随意转动的。为老狼规定好一个捕食时间，比如8点。小羊们问老狼几点时，老狼可以不用回答，直接把指针转向自己想说的时间点，当其把指针转向8点时，就意味着"捕食时间到了"，而小羊则要根据老狼调整的指针位置确定前进的步数，以及是否逃跑。

游戏四：时间游戏

这个游戏最好由父亲、母亲和孩子共同完成，父母中的一人担当游戏的主持人，另外一人与孩子一起做这个游戏。

爸爸（主持人）：现在我们来玩一个游戏，假如我们的寿命在 0～100 之间，准备一张长纸条，用笔将其分为 10 等分，每一份代表 10 年的寿命，再将每一大份分成 10 小份，标上"0、10……100"。

妈妈和孩子按照要求准备好长纸条。

爸爸：游戏正式开始。以下我问的问题，要认真回答。第一个问题，请问你现在多大？

妈妈：35 岁。

孩子：8 岁。

爸爸：把前面相应的部分彻底撕碎（妈妈将 35 岁之前的撕掉，孩子将 8 岁之前的撕掉），过去的生命再也回不来了，也无法重来。第二个问题，你想活到多少岁？请把这个数字之后的部分撕掉，假如你想活 80 岁，那么就将 80～100 之间的部分撕碎。

爸爸：第三个问题，请问你多少岁不再工作？把这个数字之后的部分撕掉放在桌子上。

妈妈和孩子按照要求和自己的意愿操作。

爸爸：第四个问题，一天你是如何度过的？一般来讲，除去睡觉、吃饭、放松的时间，一天工作和学习只有六个小时左右，甚至有的人还远远达不到这个时间，把剩余纸条的四分之三撕下来，剩余部分才是你从今以后真正有意义有价值的生命。

爸爸：最后，数一数它有多少格？你有什么样的感受？

游戏五：时间匹配

游戏配件：卡通时钟若干（指针表）、双面钟表（指针＋数字表）、时钟拼拼卡若干（指针＋数字表）、简易数字时间卡若干（数字表）、奖品若干（自制金币）、游戏规则说明书。

卡通时钟和双面钟表的一面均为指针表，指针均可随意转动。双面钟表的另一面为数字表，根据整点、半点、10分点、5分点、随意点设置为不同的颜色，例如整点（01:00、12:00）设定为红色、半点（09:30、12:30）设定为蓝色、10分点（02:40、10:20）设定为黄色、5分点（05:45、08:05）设定为绿色、任意卡（04:03、07:51）设定为黑色，简易数字卡同样如此。

基础游戏

1. 参与游戏的人每人选择一个卡通时钟，再从若干双面钟表中选择一个，根据其钟面上显示的数字时间，将卡通时针上的指针转动到相应的位置。然后把选择的双面时钟指针表一面向上放置，参照该钟面的指针位置，让孩子自己判断自己的指针位置是否正确。位置正确者得到两个金币奖励，不正确者在指导下改正者得一个金币，不改正者不得。以此轮番进行，最后统计金币数量。

2. 取若干纸片，在纸片右侧写上数字时间点，左侧则画出对应的指针时钟样式，然后从中间裁成两半，当然边缘最好是不规则形状类似于拼图，制成时钟拼拼卡。

将顺序打乱，跟孩子进行比赛，在规定时间内匹配正确数量多者获胜，获得三个金币奖励，第二名获得一个金币奖励，其余不予奖励。

此外，还可以用英文表示时间，既在一定程度上增加了难度，又可以使孩子练习英语。

进阶游戏

1.游戏参与者每个人选择一个卡通时钟,然后进行猜拳或其他形式的简单"比拼"或按照年龄大小,依次选出一个人为代表,从打乱的简易时间卡中选择一张,按照上面显示的数字时间,将本人手中的卡通时钟指针转动到正确位置,然后将选择的时间卡放回再度打乱,让其他参与者根据卡通时钟的指针位置找到挑选出的那一张,先找到者获胜。

2.游戏参与者每个人选择一个卡通时钟,将双面时间卡和简易时间卡分别洗匀形成卡牌堆,此外简易时间卡根据其背后"+、-"号分为两小堆。按照年龄大小确定答题人,从年龄最大或最小的开始,依次进行。

从双面时间卡堆中选择一张,放在桌面上,再分别从两个简易时间卡堆中选择一张,摆放在双面时间卡之后,根据其背面的符号,用双面卡上显示的时间前进(+)或者后退(-)简易卡上的时间,用卡通时钟表示两个结果。

例如,双面时间卡显示的时间是09:45,一个简易时间卡显示的时间为02:05,符号为"-",另一个显示的时间为5:00,符号为"+",则两种结果分别为"07:40"和"2:45"(因为是用指针表示,所以没有24时,先将卡通钟表指针拨到09:45,然后顺时针前进5个小时,即"2:45")。

完全正确者得到四个金币奖励,一个正确者得两个金币。可轮次进行,金币累计。

上述游戏家长可以和孩子一起玩,在促进亲子关系的同时,也能让孩子对时间有更深层的理解,当然游戏的种类也不局限于此,例如有的家长还会让孩子用积木围成钟表,利用呼啦圈模拟时针和分针追逐跑等,这些游戏除了让孩子对时间更有概念外,还能锻炼他们的想象力、记忆力、思考能力等。

使用"记录卡",引导孩子观察事物的变化

时间是无形的,但却又是千变万化的,它能够以各种各样的姿态出现在人们的眼前,也蕴藏在世界万物中,所以引导孩子认识、感受时间也可以从身边的事物入手。

从事物上感受时间主要是从事物的变化入手,要引导孩子去观察某一种或者某几种事物。因为孩子所看所听都是以较为直观明显的变化为主,所以在选择观察对象上要注意以下几点:

应当选择变化明显快速且更能体现"时间"的事物,比如太阳在一天之内的变化,早上、中午、晚上各有什么不同,或者某一植物在一周内的变化等。

要选择孩子有一定兴趣的事物,在此基础上加以引导,千万不要使用强制性手段。

案例导读

亮亮下午放学回到家,看见妈妈在厨房剥蒜。亮亮很好奇妈妈怎么剥了那么多,于是问道:"妈妈你要做什么菜啊,用这么多蒜?"妈妈神秘地说:"我不是要炒蒜,而是要种蒜。""种蒜?"亮亮疑惑地摸着小脑瓜。

不一会,妈妈把蒜剥好了,接着用准备好的一根铁丝把蒜瓣圈成了一个大圆,然后跟亮亮说:"帮妈妈把那边的大盘子拿过来。"等亮亮拿过来盘子,妈妈就把圈好的蒜放了进去,还把圆中间也用蒜瓣填满了。

妈妈把盘子端到了阳台上,开始往蒜上面浇水,直到没过了蒜瓣的高度。整

个过程，亮亮都一直跟着，目不转睛地盯着看。妈妈看出了亮亮的好奇，就跟他解释为什么这样种蒜，最后还交给亮亮一个任务。

"你不总是问妈妈时间是什么吗？现在妈妈给你一个好玩的任务，就是观察这盘蒜的变化，并且记在纸上，到时候你就知道时间是什么了？"妈妈笑着说道。

"时间怎么又跟蒜扯上联系了？"亮亮心想，"又开始说时间了，真烦。"

妈妈像是看懂了亮亮的心思："好好好，妈妈不说时间了，但是这个任务你接受吗？"

亮亮对那盘蒜充满了好奇，欣然接受了任务。几乎每天上学前、放学后都凑到跟前去观察。

大概两个星期后，亮亮把记录卡交给了妈妈。

蒜苗成长记录卡	
日期	成长状况
11月1日	蒜均匀地摆在盘中
11月3日	早上还没有明显变化，晚上蒜头顶端有鹅黄色小芽出现
11月5日	蒜苗尖儿多一点了，有的还长高了，大概有1厘米
11月7日	妈妈又加了些水，有翠绿色的小苗钻出来
11月8日	蒜苗又长高了些，并且蒜的底部还长出了很多很多白色的、细细的须根……
11月10日	蒜苗叶子越来越多，越来越高，用尺子量了一下有12厘米，根须也越来越长
11月12～13日	蒜苗高度已经有20厘米了，远远望去，一片葱绿
11月14日	高度达到24厘米，妈妈说马上就可以吃了，耶！

妈妈看完之后露出了欣慰的笑容："宝贝，观察了这么久，你有什么感受呢？"

"我觉得好神奇，妈妈，大蒜居然可以在水里长出苗，还能长那么高。"亮亮兴奋地说道。

第3章 时间观念：引导孩子认识时间，感受时间

"那这十几天你对时间有什么感受呢？"妈妈问道。

"关时间什么事？我又不是观察时间。"亮亮嘟哝说。

"谁说不是？亮亮，其实你就是在观察时间。时间就'藏'在蒜苗里，它的长高、长大就是时间的印记。"妈妈接着说，"亮亮你也是一样，你刚出生那会儿，特别小一团，不会说话，不会走路，但随着时间的流逝，你就像小蒜苗一样长得越来越高，会的东西也越来越多。而现在，你要想回到小时候，就像让蒜苗再缩回去一样是不可能的，这就是时间。"

亮亮听完，跑到阳台看着蒜苗若有所思。

上述案例中的妈妈是让孩子观察他感兴趣的一种植物，把变化写在记录卡上，以几天为周期，到时间后让孩子分享自己观察到的变化和心得，最后再进行引导总结，让孩子将时间与事物的变化联系在一起。

时间是无形的，而事物的变化却可以让时间有形化。除此之外，记录卡的样式还有很多种，比如形状、色彩，都各有不同，还可以画上装饰物等；另一方面，记录卡也可以用于记录孩子的收获，例如读书记录卡、游戏记录卡等。

要把时间和有形变化联系起来，也可以从每天的小事展开，比如让孩子观察太阳从早到晚的位置、状态、颜色变化；观察自己的影子、植物的影子变化等。一方面可以让

孩子将注意力从电脑、手机等电子产品中脱离，投入大自然的怀抱，关注身边的事物，另一方面，也可以促使孩子勤动脑、主动思考、锻炼观察能力等。

让孩子对四季、月、年等宏观的时间概念产生感受，多给孩子讲时间带来的变化，比如他小时候的样子、有多高、做过什么样的趣事、随着年龄的增长有什么变化，讲父母曾经的经历等，用回忆的方式带孩子体验时间带来的变化；让孩子留意四季景色的不同，比如夏天是什么样的，桃花杏花什么时候开，哪种树叶最先落等，如果孩子回答不上来，可以带他进行实地观察；让孩子畅想未来，想象自己和父母几年后、十几年后的样子等。

需要注意的是，在这一过程中，父母要将与时间相关的词语表达得更为具体些，比如几年前几月、几年后、几月份、几点几分等，不要含糊不清，这样孩子才能对时间更有感觉。

总之，利用记录卡引导孩子观察身边、大自然事物的变化，利用事物的变化让孩子感受时间，是一个非常不错的且较为简单方法，当然要达到目的，少不了家长的有意引导，家长要多提出问题，更要耐心回答孩子的疑问。

让孩子留意、估算某件事情需要的时间

很多家长都会抱怨自己家的孩子做事情磨蹭，所谓磨蹭就是做同样的事情用的时间比较长，显然，这是需要对比的。例如，有的家长会说，别人家孩子起个床只需要5分钟，而我家的孩子却需要半个小时，真是太磨蹭了；也有的家长抱怨道，我让孩子去帮忙拿个东西，五分钟了还没拿回来，我以为怎么着了呢，我自己去拿就一分钟的事儿，早知道我就不该指使他。

不管是跟别人家的孩子对比，还是跟家长自己比较，在很多事情上，家长都有一个"用时标准"，每当孩子做一件事情时，家长就会下意识地用某个标准时间进行比较，来判断孩子是否磨蹭。但孩子本身却没有这样的标准，也没有这样的意识，所以他们并不觉得自己用的时间有多长，做一件事情有多慢。

所以，家长们也可以从这点入手，让孩子对完成日常事件所需的时间有一定的概念。

让孩子估算家长做一件事所需的时长

例如，爸爸穿衣服需要多长时间，妈妈吃饭需要多长时间，请孩子估算父母完成这些日常事件所需时长。

案例导读

星期一的早上，妈妈最先起床给大家准备早饭，妈妈把饭煮上后，来喊辉辉起床，但是辉辉磨磨蹭蹭不愿意起来。这时候爸爸醒了，就开始起床穿衣服，妈妈对辉辉说："辉辉，你不是不想起来吗？那我们悄悄猜一猜爸爸起床要用多长时间，好不好？"辉辉一听来了兴趣："好，猜不对的要受罚，我觉得爸爸要用半个小时。""我猜只要用 5 分钟。"妈妈胸有成竹地说道。

辉辉心想，周末的时候他跟爸爸一起起的床，妈妈总说自己是"磨仙儿"，起个床要半个小时，爸爸跟自己一样，所以自己猜的肯定没错。

妈妈拿出了计时器，开始计时，眼看爸爸要去洗漱了，妈妈马上摁下了"停止"按钮，辉辉一看计时器上显示的是 04:38，妈妈告诉辉辉这是 4 分 38 秒，说明爸爸起床所用时间不到 5 分钟，是妈妈赢了。

辉辉有些沮丧，妈妈接着说道，我们再来猜一次，如果这次你还猜错就要接受惩罚，不许耍赖了，辉辉点头说好。妈妈接着说道："这次我们来猜辉辉起床要用多长时间，我猜还是半个小时。"辉辉低头一笑，"才不会呢，这次肯定不到 5 分钟。"辉辉说完，马上行动了起来。

"滴"，妈妈摁下了停止键，辉辉这次只用了 6 分钟多，妈妈说："辉辉真厉害，猜得很接近，妈妈认输。"

辉辉沉浸在"胜利"的喜悦中，心里想："起床也很简单嘛。"

让孩子估算某件事情所用的时间，如果猜对了，一方面他会产生小小的成就感，另一方面也会下意识地将这个时间作为自己完成相同事项的标准，在做事时不知不觉加快速度。

你知道 30 分钟有多长吗

很多小朋友或许嘴上会说 5 分钟、10 分钟，但其实他们并不知道是多少，像上面例子中的辉辉，他只是按照妈妈曾经的说法来猜测，自己实际上并不知道到底是多长时间。例如，有的小朋友在考试时，总是答不完卷子，其实老师一直在提醒还有多长时间就要交卷，但孩子并没有将老师提醒的时间和自己未答完的题结合起来做最佳的安排，因为他根本不清楚老师口中说的半小时、十分钟到底是多久，自然也不会产生紧张感，加快答题速度。

案例导读

今天辉辉起床很迅速，所以早上的时间充裕，他也不再用急急忙忙地赶去学校，妈妈很是欣慰，辉辉也很高兴。

晚上，辉辉放学回到家里，却是一脸沮丧，妈妈刚想问在学校发生了什么事，班主任李老师的电话就过来了："辉辉妈妈你好，我是辉辉班主任李老师，我想向你反映一下辉辉今天的情况。""李老师，辉辉是不是闯什么祸了？"妈妈着急地问道。"那倒没有，你放轻松，不是那么严重的事情。今天我组织了一次考试，时间剩下将近40分钟的时候，我发现辉辉还有不少题没做，我就提醒他还有半个小时，让他加快答题速度，谁知过了一会我来看的时候，辉辉居然还是不紧不慢的。直到最后，我提醒说还剩5分钟，辉辉才开始心急，最后还急哭了，卷子也没有答完。事后，我也找辉辉沟通了，可是孩子一直低头不说话，所以跟你说一下这个情况，希望在家里能开导开导辉辉。"李老师担心地说出了事情经过。

讲完电话，妈妈来到辉辉跟前说："妈妈知道为什么辉辉写不完卷子，但是辉辉却不知道，现在我们开始一个新的'游戏'来帮辉辉找到答案。辉辉，还记得早上我们猜爸爸起床的时间吗？"辉辉委屈地点了点头。"现在有150分钟，看你能不能把玩耍和学习的时间都'猜'出来。那么老师今天留了什么作业呢？"妈妈问道。辉辉拿出课本，仔细想了想说道："语文、数学、英语。""妈妈给辉辉一张白纸，辉辉把作业都写在上面好不好。""背诵、组词、单词听写、小卷子。"辉辉边说边写在了纸上。"再加上自由时间，这个时间你想做什么都可以。辉辉估算一下每项事情需要的时间，写在后面，总数加起来不能超过150分钟。""真的做什么都可以吗？玩游戏呢？""当然，但前提是遵循你自己的设定。"

辉辉很快就将估算的时间列好了，并交给妈妈看，妈妈说："非常好，接下来告诉我你最想干的事情。""玩游戏！"辉辉大声地说道。"可以，你可以选择先玩，如果这次你先玩并且还把作业写完了，下次你还可以按照这个顺序来，因为你遵守了你的承诺，当然如果你没有写完作业，那下次你就要接受妈妈的安排，下面你来给这几件事情排排序吧，按照'1、2……6的顺序写在事项前面。'"妈妈说着把纸递给了辉辉。

辉辉按照自己排的顺序一件一件开始执行，妈妈按照20、10、5、3分钟来提醒他还剩多长时间，最后辉辉在规定时间内完成了作业，但有一项作业超过了他预计的时间，占用了一点"自由时间"。

妈妈问道："辉辉，你现在知道为什么你没有把卷子答完了吗？"

辉辉说："我总觉得半个小时很长很长，现在我知道了，有的时候半个小时很快就会过去，所以那一项作业才会超过我估算的时间。"

"是啊，辉辉"，妈妈说道，"时间走得很快，从不等人，但如果你把它利用好了，就会收获很多，就像今天一样，作业只用了一个多小时就写完了，剩下的时间你就可以自由支配，也不用明天再补作业被老师批评了，对不对？"

除了生活上的事情，家长们更要培养孩子在学习方面的时间观念，训练孩子为写作业规划时间和顺序。

估算某件事情所用的时间，可以让孩子下意识得向这个时间点靠拢，所以父母要引导他尽量估算较短的时间，但也要依据实际情况，比如某一次老师留的作业量跟前一天差不多，但难易程度却相差不少，再用相同的时间肯定是无法完成的。如果孩子常常无法在估算的时间内完成事情，他的积极性就会被削弱，也会对时间产生错误的感觉。

请孩子估算要完成的事情时长,实际上就像是让他自己给自己一个暗示,给自己规定一个界限,同时在完成事件的过程中,也能对时间"长短"有更为准确的认识。值得一提的是,尽量让孩子把自己要做和估算的事项写在纸上,这样暗示效果更明显。

生活中要将这样的计时、猜时间的游戏随意化、普遍化,比如经常跟孩子玩:猜我数 10 个数能不能完成什么事;躲起来数两分钟,看你能不能把什么事情做完;今天穿衣服能用几分钟,跟昨天相比有没有变化等。注意在玩游戏时,或者在做任何一件事情时,开始和结束都给孩子报一下具体的时间,比如说写作业是从几时几分开始,到几时几分结束的,共用了多长时间,一是让孩子有开始和结束的概念,二是让他有意识地感受完成某件事情所用时间的长短。

给孩子时间期限的概念,比如食品的食用期限、工作的期限、交电费的期限等,也可以适当给他所做的事情制定小小的期限。还可以在此基础上让他明白准时、提前以及迟到的概念,比如指派给孩子一个小任务,规定完成的时间,告诉他是否提前或者超时,提前了多少,超过了多少;送水的叔叔今天迟到了两分钟;爸爸的账单还款逾期了一天,多扣了 5 角钱;宝贝今天准时到了学校……

通过上述方式,让孩子对分钟、小时的理解更深刻,也让他们在做某件重要的事情时有紧张感和目标感,对改善拖拉、磨蹭的情况会有一定的帮助。

第 4 章　管理意识：

从孩子的角度解释时间管理的好处

世界上有太多的人在遗憾中长大、变老，常常是一边浪费时间，一边感叹"时间都去哪了"。

这，就是缺乏时间管理的表现，而时间管理能力的黄金培养期，就是儿童时期。

在很多国家，四五岁的孩子学习时间管理课程，规划自己的一天，是非常普遍的现象。当然，现在越来越多的父母意识到时间管理对孩子的重要性，也开始想方设法地引导孩子管理自己的时间。

然而，当家长们真的把自己列出的时间表、事项清单摆在孩子面前时，他们是抗拒的，是不会主动按照上面的流程进行的，这是哪里出了问题呢？

实际上，当孩子进入幼儿期后，自主意识已经逐渐形成，且会随着年龄的增长，自主意愿越来越强。他们渴望打破父母长辈设定的界限，希望对自己的事情有着绝对的主动权，但因为价值观不成熟，经验缺乏，没有能力安排各种事项，而变得拖拉磨蹭，完全释放玩乐的天性。当家长把一系列要求摆在他们面前时，他们并不知道所谓的时间管理是什么，对自己有什么好处，更不喜欢父母强制性的要求，所以就会表现得非常抵触。

对于不少孩子共同的疑问：时间到底是什么？我为什么要管理它？第一个问题，家长可以通过第一章节中的方式方法让孩子了解时间、感受时间、产生一定的时间观念；第二个问题，就是接下来要解决的，告诉孩子他为什么要管理时间。

借用录像或监控，让孩子看到身边的"岁月神偷"

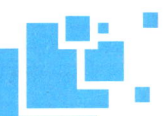

案例导读

星期六的早上，妈妈有紧要的事要出去一趟，而丽丽却怎么也不起床。这时候，丽丽的同学佳佳来找她写作业，丽丽才不情不愿地起来。妈妈一看时间要来不及了，就跟丽丽说："佳佳先去写作业了。饭菜在桌子上盖着，还没凉，你要快点把被子叠好洗漱然后去吃饭，再跟佳佳一起到书桌旁写作业。"说完，就匆忙出门了。

时间渐渐流逝，丽丽和佳佳正在吵架时，妈妈终于回来了。妈妈问清缘由，解决好了两个人的矛盾，把佳佳送回了家里。

晚上，爸爸回来后，妈妈向爸爸说了丽丽一天的表现：被子没收拾，饭没吃完，作业没写，还跟佳佳吵架。丽丽听妈妈说完，狡辩道："都怪时间太短了，过得太快了，我什么都来不及整理，天就黑了。"

"什么？一整天你居然说没时间，你这孩子真是气死我了。"妈妈生气地说道。

爸爸让妈妈先不要着急，回到屋里取来了电脑，对丽丽说："丽丽，你不是说时间太短了吗？现在爸爸就让你看看你都把时间用到哪了。"

电脑打开了，丽丽的一天也呈现了出来。

丽丽起床后对着自己的小床开始发呆，最后也没有收拾就去洗漱了，洗漱完径直去打开了电视机。丽丽边看电视边慢吞吞地吃饭，看到精彩的地方，还跑到佳佳那讲述一通。过了一会儿，佳佳也被吸引过来了，两个人看得兴致勃勃的，全然忘记了要吃饭、写作业。

佳佳看了一会儿电视后又去写作业了，丽丽一个人看觉得没意思，就玩起了手机。不知不觉时间又过去了两个小时，丽丽才磨磨蹭蹭地拿着课本坐到了书桌前开始写作业，可谁知第一题就把丽丽难住了，她咬着笔头思考了一会儿，就开始抠手指，在纸上乱画。不一会儿，又和佳佳闹起了矛盾……

"啊？原来丽丽的时间都被'坏人'偷走了，怪不得那么少。"爸爸恍然大悟道。

"坏人是谁啊？"丽丽问道。

"坏人就是丽丽的坏习惯呗，做事情不专心慢吞吞，边看电视边吃饭，遇到困难就认输，遇到问题不主动请教别人，和小伙伴在一块总是抢东西闹矛盾……"爸爸接着说道，"要是没有这些坏习惯，丽丽肯定能把所有的事情都完成好。"

希腊有句名言：世上最困难的事情莫过于认识自己。成人尚且看不清自己，何况孩童。孩子身上的小毛病、坏习惯，父母长辈可以看得清清楚楚，但孩子本身却看不到自己到底是什么样的状态。例如，孩子边吃饭边看电视，在妈妈眼里，孩子目不转睛地盯着电视，好长时间才吃进去一口饭，而在孩子的心中，电视的精彩让他不觉得自己一直在盯着电视看，并没有把时间浪费在看电视上，所以当妈妈斥责他时，他并不认为自己有什么错，也就谈不上改正了。

在进行时间管理之前，让孩子认识到自身的不良习惯是非常有必要的，上述案例中的父母是通过监控的方式让孩子看到自己的一天的行为，虽然这些行为不能立刻修正，但最起码给孩子留下了印象，而不是只从父母嘴中认识自己。

"岁月神偷"的养成日记

习惯的改变不是一朝一夕的事情，习惯的养成同样需要时间的累积。孩子身边的"岁月神偷"是怎样一步一步逐渐壮大的呢？除了孩子本身的原因外，父母也担有"重大责任"。

电视机、各种电子产品的堆砌：

社会的进步、科技的发展在带来便利的同时也造成了更多的隐患，多数孩子从很小就开始接触手机、电脑。对游戏、动画片感兴趣，是孩子天性使然，无可厚非，但是电子类产品的普遍化给孩子们带来了极大的影响，使他们在不知不觉中"上瘾"，让孩子把多数时间都浪费在了玩游戏、看动画片上。当然，很多时候是父母的行为在潜移默化地影响着孩子。

父母的"心慈手软"、一手包办：

作为父母，对孩子关爱、疼惜是再正常不过的，但同时更要意识到，让孩子及时做该做的事情才是最重要的。就拿起床来说，父母应该引导催促孩子尽快起床、洗漱，完成一系列活动，但有的父母却总觉得孩子年龄还小，赖一次床没关系，甚至还会以"长身体、健康"为由主动让孩子多睡一会儿，等到孩子起床时发现时间紧迫后，又觉得孩子动作太慢，直接上手帮他穿衣服洗脸，久而久之，孩子就会养成"赖床"的坏习惯，起个床磨磨蹭蹭，甚至还会闹脾气，父母的"一手包办"还有可能让他们养成"衣来伸手，饭来张口"的"少爷脾性"，事事依赖父母，父母不在旁边帮着就拖拉或者干脆甩手不干。

远离"岁月神偷"的前提

改变习惯并不简单，也非一时之事，但是在引导孩子改变不良习惯之前，应当先做好准备工作。

从现在开始，父母尽量少在孩子面前玩手机，控制手机出现在孩子面前的次数。闲暇时间多带孩子出去走走，进行户外运动。

父母要尝试多放手，尽量让孩子独自完成自己力所能及的事情，不要因为心疼或者觉得孩子做不好而替他们去做。

"互换身份",彼此换位思考

案例导读

佩佩马上就要上四年级了,但用妈妈的话说"一点都不像个'大孩子'"。

早上,一向赖床的佩佩揉了揉惺忪的睡眼,从床上爬了起来看了看自己的小闹钟,觉得有点奇怪:平常妈妈早就该叫起床了,今天怎么纵容自己睡到了自然醒。

佩佩推门进了爸爸妈妈的卧室,发现以往早就起床的妈妈居然还在赖床,佩佩走过去,拍了拍妈妈的被子:"妈妈,你怎么还不起床做饭啊,我饿了。"

"佩佩,今天咱们来玩个有意思的游戏好不好?"妈妈笑着说道。

"什么游戏啊?"佩佩好奇地问。

"咱们来身份互换,今天你是妈妈,我是佩佩。"妈妈神秘一笑。

"太好了,那我是不是就可以命令、批评妈妈了。"

"当然可以。"

"那,佩佩快起床,太阳都要晒到屁股了,你怎么这么懒啊。"佩佩学着妈妈的口吻催促道。

"哎呀,我还困着呢,再睡一会儿。"妈妈也学着佩佩的样子。

"你怎么可以这样呢?妈妈,我让你起来你就要听我的话,因为我今天是妈妈。"佩佩一脸不高兴。

"可是,我当妈妈的时候,佩佩就是这样的啊,而且比这厉害多了。"说着妈妈就学起了佩佩"赖皮打滚"的样子。

第4章 管理意识：从孩子的角度解释时间管理的好处

"噗嗤"一声，佩佩忍不住笑了起来："我真的是这样吗？"

"佩佩"好不容易起来了，"小妈妈"刚坐下，"佩佩"又发话了："我饿了。"

"那你先去洗漱。""小妈妈"说道。

"我不要，我要吃东西。""佩佩"坚定地说道。

"你一边洗漱，我一边给你拿吃的，好吗？""小妈妈"耐心地说道。"佩佩"这才起身去洗漱。

"小妈妈"不会做饭，只好去找了些零食给"佩佩"吃。不一会儿佩佩又说渴了，喝完水后，又找不到自己的衣服了，这可把"小妈妈"忙得团团转，额头上都出汗了。

时间过得很快，一会儿工夫就到下午了。"小妈妈"坐在沙发上若有所思。

妈妈看着佩佩忙里忙外的样子，觉得她已经开始反思自己的行为，体会到父母的辛苦了，于是宣布："游戏到此结束。"

佩佩听了说："还得等一会儿，还有一项没有完成。"

妈妈正纳闷呢，突然佩佩又摆起了"小妈妈"的架势："你怎么还不快点，你作业写完了吗？就知道赖在沙发上看电视，懒死了。"

妈妈听后，怔了一下："原来，有时候训斥孩子的话是如此刺耳。"

实际上，在教育上，父母和孩子一样，都是学习者。父母并非是绝对的施教者，孩子也不完全是受教者，两者应当是互相理解、互相学习、互相建议的关系，父母不能想当然地认为自己就是权威，就是正确的，用年龄和阅历来压制孩子，适当听听孩子的意见是非常有必要的。另一方面，很多时候，即使父母是正确的，孩子也会不理解，孩子的天性会被打压，也会引发亲子矛盾。

这时候，"换身份体验"是一种可以让双方都意识到问题的不错的方式。就像案例中的佩佩和妈妈，通过身份互换，一方面让佩佩意识到了自己的诸多不好的行为：赖床、生活不自理、过于依赖家长、做事情拖拉……从而体会到父母的辛苦，另一方面也让妈妈意识到自己在某些时候的教育方法是不合理的，不要在控制不好情绪的时候把气都撒在孩子身上。这样一来，双方都可以有所改变，更有利于家庭教育的进行。

当然，"互换身份"的重点还是在于让孩子将自己的行为与时间管理的概念联系在一起，游戏结束之后，家长要与孩子进行总结讨论，吐露心声，在这一过程中，家长要逐步引导孩子建立"时间管理"的意识。

吃过晚饭，妈妈把今天的游戏告诉了爸爸，于是他们决定开一个小型的家庭会议。

三个人围坐在沙发上，爸爸说："听妈妈讲了你们今天玩的游戏，爸爸也回想起之前我也对佩佩说过气话，在这里爸爸和妈妈向你道歉，以后不会再这样了。"听见爸爸这么说，佩佩也不知道说什么，只是摸了摸爸爸的手。

"通过这个游戏，佩佩有没有什么想说的？"爸爸接着问道。

"我……我太懒了，妈妈太忙了。"佩佩低下头说道。

"其实佩佩并不懒，只是不会像妈妈一样利用时间。"爸爸说，"你跟妈妈的时间是一样的，但是妈妈一天可以做很多事情，而佩佩呢？"

"佩佩回想一下，每次周末是不是都要熬夜写作业？第二天上学起床时又吵着睡不够？那如果佩佩在白天就把作业写完，是不是就不用熬夜了，睡眠时间也会充足，"妈妈说，"白天佩佩为什么没有时间把作业写完呢？"

"起个床一小时过去了，洗漱完吃完饭就到中午了，看会儿电视吃点零食玩个游戏下午就过去了，可不就剩了晚饭后的时间写作业了嘛，写作业的时候再看着动画片，看一眼写一下，一转眼就到11点了，是不是？"爸爸看佩佩一时回答不上来说道。

"嘿嘿。"被爸爸说中，佩佩不好意思地笑了。

第4章 管理意识：从孩子的角度解释时间管理的好处

"那佩佩以后应该怎么做呢？"妈妈顺势问道。

"做什么都快一点。"佩佩说。

"嗯，这就是佩佩的第一步，第二步就是合理安排好要做的事情，比如佩佩把写作业安排在什么时候呢？当然了，我们还是要一步一步来，好不好？"

"嗯，好！"佩佩点了点头。

如果家长直接对孩子说：你太没有管理时间的意识了，你得改！孩子可能根本不明白你在说什么，正确的顺序应当是让孩子先意识到缺乏时间管理意识的不良后果"常常熬夜写作业、玩的时间很少"等，其次让孩子自己思考为什么会有这样的后果，最后找出根源，提出"时间管理意识"，并帮助孩子建立。

其实很多规则的建立和遵守，都需要先从思想上去理解和认同，如果脑海里本就没有形成意识，也就不会产生"遵守"的欲望。"儿童时间管理"同样如此，当孩子意识到很多不好的事情之所以产生都是因为自己没有管理好时间，没有利用好时间，那么他就很有可能会产生"我不想再熬夜写作业了，所以我要开始快点起床、洗漱吃饭，然后就会有更多的时间用来写作业，这样就不用晚上熬夜了"的想法，这其实就是"意识"的初步形成，孩子已经知道从节约时间入手，控制时长，最重要的是，这是孩子自己主动产生的想法，而不是父母强加给他们的，这会使他们更有行动的决心和自觉性，无须依赖父母的提醒督促。

从常见的职业入手，给孩子一个简单概念

案例导读

周末，爸爸早早起来，把小驰也从床上"拽"了起来。小驰一脸不情愿："爸爸，你干什么啊？今天是周末，我想多睡会儿。"看着儿子拧成一团的小脸，爸爸安慰道："爸爸带你去吃好吃的，见识好玩的东西，你真的不想去吗？"小驰一听，觉得还不错，脸上马上多云转晴。

吃过饭，爸爸就带着小驰出去了。

他们先来到公交站等车，在车上爸爸说道："小驰，你知道吗？司机叔叔开的每趟车也要对时间进行规划和管理。"

"这是什么意思呢？"小驰问道，"司机叔叔不就是开着车，然后到站停车吗？还需要规划什么？"

"首先我问你一个问题，司机叔叔是不是每天只开一趟车。"爸爸问道。

小驰摇摇头："不是。"

"回答正确。那司机叔叔开车累不累？需不需要休息时间？"爸爸再问。

"我上课的时候坐一小时还累呢，司机叔叔肯定更累，当然需要休息了。"小驰说。

"据爸爸所知，司机叔叔到达终点后，下一班的发车时间是固定的，意思就是司机叔叔到得越早，休息的时间就越长。"爸爸说。

"那就开快点呗"小驰说，"开得快了，到得不就早了？"

"你说的有道理，但是为了乘客的安全，公交车速是有限制的，根本不能开

第4章 管理意识：从孩子的角度解释时间管理的好处

那么快。所以呢，为了让自己有时间休息，又要保证车速不超限，同时要服务好乘客上下车，还要考虑到红灯，司机叔叔就要进行'时间管理'，比如大致规定好一站用几分钟，某一站耽误的时间长了，下一站要稍微加速赶上来；如果一路顺畅，也要调整速度，在规定时间范围内到达。你懂了吗？"爸爸问道。

小驰点点头，正说着，爷俩的目的地就到了。

"这是哪啊？爸爸。"小驰看着眼前的高楼大厦问道。

"进去你就知道了。"爸爸故作神秘。

他们进入电梯，爸爸摁了21楼，小驰下意识地往爸爸身边靠了靠。

到了21楼，爸爸带小驰去了一个大办公区，里面摆着好多办公桌，爸爸说："这是李叔叔开的公司,爸爸今天带你来就是让你看看李叔叔这一天是怎么过的。"

刚去办公室时，李叔叔正在准备开会需要的材料，过了一会，秘书急匆匆地拿着文件来请李叔叔签字，李叔叔不得不放下手头的工作，以最快的速度看完确认没问题了之后签了字，刚签完，有个人来报告，说某个地方出了点问题，需要李叔叔去处理，李叔叔斟酌了一下，还是决定先把自己手头的工作忙完。李叔叔一忙完就马上去了出事地点，把事情处理完后，开会的时间正好到了……

从李叔叔的公司出来，爸爸带小驰去了超市。路上，爸爸问道："小驰，看了李叔叔的工作状态，你有什么感受？"

"太忙了，像陀螺一样转不停。"小驰说道。

"那你觉得，李叔叔处理得好吗？"爸爸又问。

"嗯，李叔叔好厉害啊，虽然事情很多，但是他一点也不慌乱。"

"其实，李叔叔也进行了时间管理，你想想，如果他做事情都拖拖拉拉，分不清哪件事情重要，一根筋或者三心二意，怎么能够处理好这么多事情呢？比如今天，那个员工来找李叔叔去处理事情时，李叔叔考虑了一下重要、紧急程度，决定先把自己手头的事情忙完，后来两件事情都解决好了，如果他先去解决那件事情，说不准开会就耽误了。"爸爸认真地说道。

周末的超市人真是多,爸爸和小驰排着队等待结账,小驰看见收银员阿姨用极快的手速扫码、收钱、找钱,一气呵成,不禁感叹道:"阿姨好快啊!"

爸爸摸了摸小驰的小脑袋:"阿姨要是慢吞吞的,那顾客肯定更着急了,'快速'就是这项工作的时间管理标准,你说是不是啊。"

回到了家里,妈妈也刚从外面回来,小驰迫不及待地跟妈妈说了自己今天的收获,妈妈很是欣慰。不一会儿,爸爸点的外卖送到了。妈妈拿着订单让小驰看:"预计7点54分送达,你看看表是不是很准时啊?"小驰点了点头。

"准时、完好送达就是这项工作的标准,"妈妈学着爸爸的样子说道,"外卖小哥一次要送好几家,他接到订单后,先要按照区域分类,再按照预计时间决定先送哪个区域,尽量保证每个订单都是准时的,这不也是时间管理吗?"

"我知道了,时间管理就是要在一定的时间内把该做的事情做好,比如我明天早上七点钟就得吃早饭,那我在这之前穿好衣服洗完漱,如果我想多睡会儿,那么起床洗漱的速度就要更快。"小驰兴奋地说道。

"宝贝真棒,差不多就是这个意思,但不仅仅是起床,很多事情都要这样,小孩子的时间管理目标就是:搞定一切还能玩。"妈妈补充道。

时间管理是什么?网页上、书籍上对此有着多种多样的详细的解释,但孩子可不想听这些所谓的长篇大论,也听不明白,更不感兴趣。

要想让孩子明白所谓的时间管理是什么,能够带来什么样的影响,就要从孩子的角度告诉他,家长起到的只是引导的作用,要让孩子自己理解,自己想明白是怎么回事,切忌家长按照成人的观点将一切灌输给孩子。没有形成自我理解的概念给孩子留下的仅仅就是单调的几行字、几句话,并不会深入到他们的脑海里和心里,说不准一转头就会忘得干干净净。

那么如何用孩子的"语言"跟他对话,让他真正理解父母想要告诉他的"时

第4章 管理意识：从孩子的角度解释时间管理的好处

间管理"这一概念呢？

上述案例中，爸爸从多种职业入手，引导孩子对时间管理产生自我理解，这些职业孩子都不陌生，也有所了解，以此为切入点使概念更为容易，也就是所谓的从常见的职业入手，给孩子一个简单的概念，既不会受到排斥，也能引发孩子的主动思考。

此外，还可以从这些职业的角度总结一下时间管理的意义，比如公交车司机可以好好休息，也保证了驾驶安全，服务大众；像李叔叔一样的管理人员，保证了公司的正常运行；超市收银员在让顾客减少了等待时间的同时也保证了工作量，可以获得更多报酬；外卖小哥同样如此。

最后，提出儿童时间管理的意义：你（孩子）学会了时间管理，就可以把作业、生活琐事全部及时完成，还能有更多属于自己的玩乐时间，不用因为作业完不成受到老师的批评，也不用再忍受父母的唠叨催促，何乐而不为呢？

设置奖项，一起参与"时间比赛"

案例导读

周末，爸爸妈妈和周洲都在家里。

从早上开始，周洲就说一会儿开始写作业，可都快中午了周洲还是一个字儿没写。爸爸比周洲强不到哪去，说帮妈妈收拾家务，却一直没出手，只有妈妈一个人忙里忙外的。

"开会开会。"妈妈把围裙一摘，坐到沙发上，喊了一声。

爸爸和周洲一听，知道妈妈生气了，赶快从房间里出来了。

"妈妈，你怎么了？不要生气嘛。"周洲安慰妈妈道。

"是啊，老婆你怎么了？生这么大气。"爸爸也附和着问道。

"还问我怎么了？你看你爷俩，一个说写作业现在还没动，一个说帮我忙，也没见个人影，只有我自己累得满头大汗，又是做饭洗碗，又是洗衣打扫，这样吧，今天咱们来一场比赛，赢了有奖，输了就要接受惩罚。"

"什么比赛？"爸爸和周洲不约而同地问道。

"现在，我来分配任务，爸爸工作多，爸爸的任务就是工作加洗衣服；周洲是写作业加收拾自己的卧室，我负责收拾其他房间加扫地拖地，谁完成的最快就是最后的赢家，当然不能只快，做的事情也要符合要求。赢的人可以实现自己最近的一个愿望，输的两个人明天合作做饭洗碗。"妈妈一口气说道。

"从1点开始计时，现在赶快休息吧。"妈妈补充道。

周洲一直以来都想让爸爸妈妈带自己去游乐场，可最近他们都很忙，一直没

第4章 管理意识：从孩子的角度解释时间管理的好处

有去成，周洲心想得把握住这次机会，让爸爸妈妈满足自己的这个愿望。于是，1点刚到，周洲就冲进自己的房间写作业去了。

两点钟的时候，妈妈大声问爸爸："爸爸，你完成多少了？"

"啊？我的工作还有一大堆呢？"爸爸无奈地说道。

"哈哈，我已经打扫完卧室了，爸爸你要加油了啊。"妈妈得意地说。

在写作业的周洲听见了，也不由得加快了速度。

傍晚的时候，妈妈宣布了比赛的结果，周洲是第一个完成的，而且房间收拾得很干净，就是作业做得有点马虎，错了两道题，不过已经非常不错了，爸爸妈妈鼓掌祝贺了周洲。

"看，我们周洲根本不是什么都不会，不仅会，还做得又快又好。"爸爸忍不住夸道。

"周洲，对于今天的比赛，你有什么想说的吗？"妈妈问道。

"感觉今天过得很充实，也不觉得累，而且我作业也都写完了，剩下的时间就可以自由玩耍了，还可以实现一个愿望，太棒了，谢谢妈妈。"周洲很兴奋地说道。

"同样的时间，利用好了，可以做很多有意义的事情，既可以轻松从容地完成学习工作任务，又可以放开了玩，这可比懒着待一天强多了，是吧？"妈妈说道。

"嗯！"周洲点了点头。

案例中的爸爸妈妈为了使孩子重视时间，设置了这样一场比赛，最终孩子的确颇有收获。其实这种全家总动员，并且还有奖品吸引的比赛会极大地调动孩子的积极性，提高其行动力。试想，如果家里只有一个人在忙，或者所有人都懒散地躺在床上、看电视，孩子自然而然会效仿那个最安逸的大人，也变得懒散起来。

此外，在比赛的过程中，家长可以有意无意地炫耀自己的进度"我的工作已经完成一半了、我已经收拾好一个房间了",使孩子保持一点紧张感,知道自己一直处于比赛中,否则时间一长,孩子可能会忘记自己还在比赛。

比赛的结果也非常重要,尽量让孩子获得最后的胜利,尝到甜头,尤其是第一次比赛的时候,家长自然要故意让着,但一定不能表现得太明显,反而要表现出努力追赶却仍旧输掉的感觉,这会让孩子非常有成就感,也会对"时间管理"产生更深刻更好的印象。

除了让孩子与父母进行比赛外,家长还可以邀请别的小朋友到家里来参与比赛,比如背单词比赛、默写古诗比赛、画画比赛等,可以同时给孩子们布置几项任务,让他们自己安排时间。孩子之间的比赛,父母要注意安抚输了的一方的情绪,可以设置一等奖、二等奖、鼓励奖。

引导孩子参与这样的"时间"比赛,可以让他们感受到"不拖拉、不懒散"带来的好处,尝到合理利用时间的甜头,这对他们学习时间管理是个很好的开头,起到激励的作用。

第4章　管理意识：从孩子的角度解释时间管理的好处

让孩子体会到"统筹时间"的成就感

案例导读

星期六的早上，可可像之前的每个周末一样赖在床上不起，等着妈妈来叫她，可是左等右等妈妈也没有过来，可可自己沉不住气了喊了起来："妈妈，你不在家吗？"

妈妈闻声走了进来，很认真地跟可可说："昨天，我跟你爸爸商量过了，这个周末，你自己安排你自己的时间，我们谁都不会说你，不过呢，爸爸妈妈明天要去一个好玩的地方，你如果也想去就得今天把自己的事情整理好，否则明天就没有时间了……"

"耶耶耶！"还没等妈妈说完，可可就兴奋地大喊起来："意思就是我今天想干什么，就干什么了呗？"

"嗯，你自己决定。但是明天的行程过期不候哦。"妈妈再次强调。

等妈妈出去后，可可还是抑制不住自己的兴奋，想着今天要做的事情，直到饿得不行了才慢吞吞地起床。

"妈妈，我的饭呢？"可可洗漱完出来，发现餐桌上什么都没有了。

"我们吃完了，就收拾了。忘了告诉你了可可，饭菜也过时不候，不过给你留了一碗，已经凉了，自己热热吃吧，你已经10岁了，热个饭总会吧。"妈妈看似很冷漠地说道。

可可非常委屈，但一开始已经说好自己的事情自己管，于是只好自己去热饭。不过整个过程妈妈在后面一直紧张地望着，其实淡定都是装出来的。

妈妈的担心是多余的，可可很利索地就热好了饭菜，吃完之后就一屁股坐到电脑桌前开始玩游戏，一直到天快黑了，可可才察觉到自己还有很多事情没有做，却抱怨起妈妈来："妈妈，你怎么不喊我让我写作业啊？现在天都黑了。"

"可可，我们早上说的什么，你该不会忘了吧？""额……"经妈妈这么一提醒，可可不好意思地挠挠头，小声嘟哝："说不管还真不管。"

这下，可可着急了，一大堆作业没写，况且她也想明天跟爸爸妈妈一起出去玩，于是急急忙忙地开始写作业，一直到晚上12点多才勉强算写完。

周日，可可如愿跟着爸爸妈妈出去了，可是因为没有休息好，一直无精打采的，最后只玩了一小会儿就回家了。

晚上，可可很不高兴，想想这两天的经历还委屈地哭了起来，妈妈过来安慰她："可可，你为什么觉得委屈啊？"

"我呜呜……觉得自己很累，结果什么也没整好，呜呜……"可可哭得上气不接下气地说道。

"其实，可可，你收获了很多，你想想自己为什么会这样呢？这都是你自己安排的事情啊。"妈妈轻声细语地引导着。

"我不应该那么晚起床，也不应该一直玩游戏，要是先把作业写完了就好了。"可可想了想说道。

"嗯，如果可可合理安排时间，也就不会这么累，不会这么赶了，不然我们下星期再来试试，妈妈相信可可一定可以做好。"

"好！"可可把眼泪一擦，坚定地点了点头。

又一个周末很快到来了，没有妈妈的催促，可可早早起了床，收拾了自己的卧室，还把要洗的衣服整理了出来，妈妈看在眼里喜在心里。

吃过早饭，可可休息了一会儿，就自觉去写作业了，写完书面作业后才开始玩电脑，晚上还自觉进行了阅读。第二天，爸爸妈妈为了弥补上周的遗憾，专门

第4章 管理意识：从孩子的角度解释时间管理的好处

带可可出去玩了个尽兴。

晚上，可可窝在妈妈怀里看电视，突然扭过头来说："妈妈，我感觉这周末好开心啊，原来把自己的事情安排好的感觉这么好，我以后不用你再催促了。"

妈妈欣慰地摸了摸可可的小脑袋："我的乖女儿，你能明白就最好了。"

很多家长在孩子时间管理方面，惯用的方式是唠叨、催促、盯着孩子的举动，从早上起床就开始。要么是"宝贝起床吧，太阳晒到屁股了"，要么就是"还不起来，真是懒死了"，催完起床催洗漱，再就是吃饭、写作业："你还不过来吃饭，我们可不等你了""快点写作业吧小祖宗，明天就该上学了"……诸如此类。

其实，按照我们前边讲到的"互换身份"体验一下，你就能体会到这个催促唠叨有多么令人反感，这不仅不会达到想要的目的，还会在很大程度上增加孩子的抵触心理，当然这并不是让家长们对孩子放任不管，而是有的放矢，不能什么都不说，也不能紧跟着耳提面命。

面对孩子的拖拉磨蹭，不要总是催促甚至是哀求，也不要对孩子大吼大叫，例子中的可可妈妈何尝不是曾经天天催着孩子做这做那，结果导致孩子习惯了这种行为模式，但是当她转变了方法——我只是通知你、告诉你，很多事情过时不候，怎么做怎么安排你自己决定——却有了不一样的结果，一开始备受拘束的可可突然没了妈妈的管束非常放纵，到最后却尝到了苦头，自己意识到了错误。这一过程中可可的妈妈并没有说什么，因为孩子自己的体会远比任何人强调的都要深刻有效。可可妈妈的作用只是引导，引导可可去发现、去体会她不知道的东西和价值，并且在孩子体会到了挫败感后，又顺水推舟地引领她挑战成功，最后使得可可在第二次的实践中体会到了"统筹时间的快感"，这种感觉远比家长用嘴说来得真实，来得深刻，再加上之前不好的体验，可可会将更多的注意力放在合理安排时间上，会约束自己一直这样做下去。

　　当然，每个孩子的情况不同，适应性各异，但是不可否认的是，引导孩子亲身体会比唠叨、训斥更有效果，家长们不妨参照例子中的情景，再根据自家的具体情况实验一次，看一看孩子的反应。

第 5 章 时间清单：

教孩子合理安排事项顺序

通过上述章节中的方式方法，相信孩子对时间的感觉会变得强烈，知道时间是什么，对时间不再是模糊的概念，同时也对时间管理有了一定的了解。接下来，家长要做的就是将时间管理系统化，让孩子通过具体训练坚持实施，将时间管理完全变成一件自觉的事情，成为一种能力，一种习惯。

所谓时间管理训练就是帮助孩子合理利用时间，帮他们把看不见、摸不着的时间落实为具体的事项。记录孩子每天的固定事项，收集和明确孩子当天的待办事项，确定每件事情所需要的时间范围，制作成时间表、学习表、待办事项表等等。当然，这一过程都需要孩子参与其中，时间管理训练的最终目的，是让孩子具备时间管理能力，学会合理安排事项顺序，在规定的时间内，快速有效地完成所有应当完成的事情。

也许有的家长会问，为什么一定要把事项列出来呢？那么麻烦，直接告诉孩子不就可以了吗？将事项列成书面的形式，优点有如下几项：

1. 形式可以更多样化。
2. 使事项更具体更系统更完整。
3. 提醒督促作用更明显。

年龄阶段	训练目标	孩子的主要问题
4～6岁（学龄前期）	习惯培养，减轻依赖	爱动、爱发脾气、耍赖、依赖性强、记不全作业
7～8岁（1-2年级）	习惯巩固，提升专注力	不敢发言、注意力不集中、爱玩、手机控
9～10岁（3-4年级）	摆脱干扰，提高效率	手机控、游戏控、学习效率低、和父母唱反调

当家长想让孩子做某件事情时，如果单纯靠口头表述，无非是"你今天要做的事情有××××、你今天要把×××完成、你要在7点之前把××做好"等诸如此类的表述，这种口头上的命令会让孩子不由自主地产生抗拒感，当孩子没有采取行动时，父母又免不了唠叨，这更会增加孩子的抗拒感。如果将这些事项以书面的形式展现，就可以用孩子的语言进行描述，比如用形象的情境图、标明完成程度的奖励惩罚标志、使用不同的色彩，以此来吸引孩子的注意力，减少排斥感，更有利于事情的执行。另一方面，书面化的表达更具象更系统，会让孩子有目标感，执行起来更顺畅。

时间日志,记录孩子一天的概况

在制定时间表格、事项清单之前,家长们应当先了解孩子一天的概况,记录他们每天的活动,每件事情、每项活动所用时间,尤其是惯例事项:起床、吃饭、睡觉等,从中发现孩子耗费时间较多的一些问题,以一周为周期(周一到周日表格颜色、样式都可以不同),表格如下:

周一行为记录表				
事件	规定开始时间点	实际开始时间点	时长	补充说明

具体应该如何记录呢？例如：

周二行为记录表

事件	规定开始时间	实际开始时间	时长	补充说明
起床	6:30	6:30	10分钟	赖床、动作慢
洗漱	6:40	6:50	10分钟	磨蹭
早餐	6:50	7:00	20分钟	吃得少
出门	7:30	7:30	/	准时，但出门准备仓促
上课	8:00	8:00	8小时	（按照老师反映的情况或根据孩子的描述）老师告状，和同学闹矛盾
放学后	5:00	/	/	只顾着玩
晚餐	6:00	6:10	20分钟	运动量大，食欲很好
餐后	/	/	30分钟	玩游戏
写作业	/	7:00	1小时30分钟	注意力不集中，懒怠，遇到难题就想放弃
阅读听写	/			马虎，英语单词出错
练习乐器	/			不专心
睡前洗漱	21:00	21:20	10分钟	不愿洗漱
上床睡觉	21:20	21:30	20分钟	缠着家长，不睡觉

说明：上述"规定开始时间"，即家长希望或者提醒孩子做某件事情的时间，若没有可不填。

第5章 时间清单：教孩子合理安排事项顺序

规定开始时间和实际开始时间的时间差以及时长都反映了孩子的磨蹭程度，而补充说明是家长通过观察，对孩子行为的感受以及存在问题的判断，当然，更重要的是问题背后的原因，只有明确了孩子拖拉磨蹭的原因，才能选择适合的方法方式，配合时间管理表格一起实施，才能有的放矢地解决问题。

因　素	说　明	备　注
天生慢性子、追求完美、过于谨慎、缺乏主见	这些主要关乎孩子的性格方面，性格除了由基因决定外，当然也会受到外界影响。	如果孩子的磨蹭行为主要是基于这些因素，那么家长应当这么做： 1. 在性格未完全成型之前，加以引导（第一章有教养建议）。 2. 培养孩子的时间观念。
父母过于追求完美、父母要求过高、父母全权包办	儿童时期，孩子非常容易受到影响，而父母是最重要的"影响源"，父母行为很有可能激活和加深孩子性格中的负面因子，让孩子变得消极、行动力弱。	如果孩子的磨蹭行为主要是基于这层原因，家长应当这么做：反思自己的行为，给孩子更多自主空间；检测自己的情绪、压力状态。
吸引注意力、报复、争取权益	这主要是孩子的目的方面，孩子产生磨蹭行为是因为他们要达到某种目的，是一场跟家长的战斗，这表明双方的沟通出现了问题。	如果孩子的磨蹭行为主要是基于这些因素，家长应当这么做： 1. 家长反思对待孩子的方式：是否关爱不够、是否过度干预、是否过于苛刻等。检测自己的情绪、压力状态；分析孩子的问题：过于依赖、报复心太强等。 2. 解决问题。

俗话说，十个孩子九个磨，磨蹭是孩子们的常见行为。关于孩子磨蹭的原因，可以追溯到性格和心理层面，有的磨蹭行为是有目的和原因的，有的磨蹭是天性使然，不一而足。部分原因在第一章中已经详细讲解过，在此，再做一个系统性的总结。

孩子磨蹭行为的产生不仅与他们自身相关，更与父母息息相关。不管是哪种类型的性格，本身多多少少带有"磨蹭"的因素，再加上父母没有在意、不会引导或者不当的教育方式而将磨蹭加深进而成为习惯，又或者父母本身的教育方式就是罪魁祸首，没有切合孩子的性格，没有因材施教，结果使得孩子的这种行为逐渐普遍。

不过，儿童时期，一切都来得及，合理的教养方式加上时间表格的辅助，一定能够改善孩子的磨蹭行为，使其树立良好的时间观念。

时间排程图，孩子的一天

记录了孩子一周的日常活动情况及其所用时间后，家长对孩子的一天已经有了充分的了解。而"规定开始时间"一栏实际上是在检查或者提醒家长在此之前有没有给孩子制定"时间表"，如果这一栏绝大部分是空格，则表明家长对孩子一天的活动并没有进行时间上的系统规划，那么接下来需要做的就是给孩子的一天进行排程，如果之前已经有过这样的时间表，则要检验时间安排是否合理。

关于日常时间表的制定，不能死板，尤其对于幼儿来说，形象化的表述，在一定程度上能够加深孩子的时间概念。

例如：

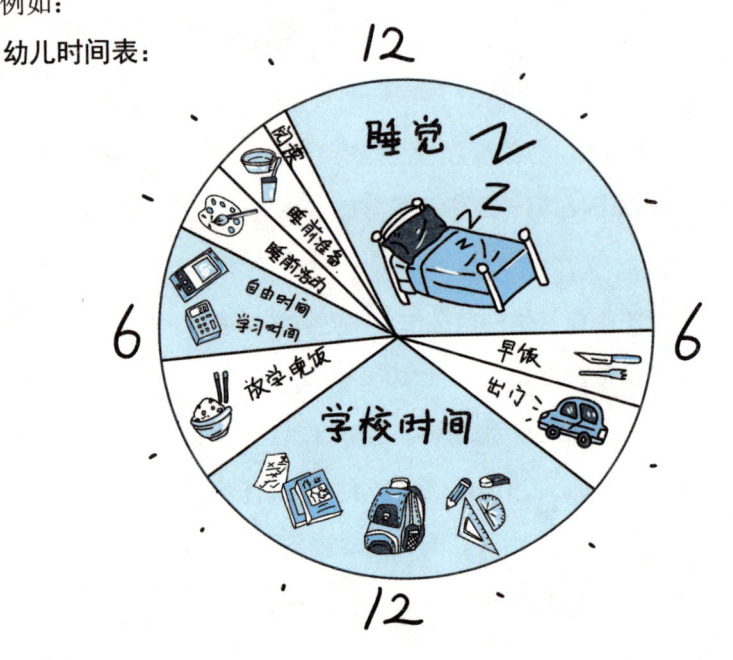

幼儿时间表：

第5章 时间清单：教孩子合理安排事项顺序

对于学龄期儿童来说，时间表的作用就是将每天的时间模块化，形成固定的执行模式，即在哪个时间段做什么事情，进而成为习惯。当然，这并不意味着每天所做的事情都是一样的，除去作息、吃饭等固定事项，其他事件可以根据实际情况随时更改。

周一至周五日常时间表	
6:30	起床（起床清单）
7:00	吃早饭（吃饭清单）
7:30	出门
8:00～17:00	学校时间
17:00～17:50	放学、晚餐
17:50～20:00	自由时间+学习时间（放学后清单）
20:00～20:20	睡前活动（释放精力）
20:20～20:50	睡前准备（睡觉清单）
20:50～21:00	阅读
备注	可以加入颜色标记：绿色即每天必做事项、黄色即视情况而定、橙色是重点事件
	起床、吃饭、睡觉清单可视情况而定，放学后清单必列

学龄期儿童时间表：

从这些时间图、时间表，再对照前一章节的时间日志，不难发现，周一到周五最重要的就是放学后的时间安排，可以说大部分事项都集中于这一时间段，比如写作业、弹钢琴、学奥数等，所以放学后的事件清单非常重要。至于睡前活动，主要是为睡觉做准备，以孩子状态为主要参考依据，与"放学后清单"可以互补互通。举例来说，当孩子精力十分充沛时，可以做一些运动量较大的活动，比如去楼下散步、踢毽子，反之，则可以看漫画书、画画、玩小游戏等。如在特殊时期，比如期中考试、期末考试、比赛之前，也可以将这一段时间用于复习功课、记单词等。

例如：

普通版放学后时间安排：		考试版放学后时间安排：	
17:50～18:50	写作业（中间可短时间休息）	17:50～18:50	写作业（中间可短时间休息）
18:50～19:10	自主时间	18:50～19:10	自主时间
19:10～19:40	亲子活动	19:10～19:40	针对性训练（作文、错题）
19:40～20:00	兴趣学习	19:40～19:50	休息
20:00～20:20	楼下活动	19:50～20:20	复习（单词、知识点）
说明：仅作为参考，具体以实际情况为主。			

　　放学后的事件清单，其实也可以看作是待办事项清单的一种，即将接下来要做的事情进行规划。对于孩子而言，每天放学后的待办事项大类通常是确定的，即写作业、自主、才艺训练，但也会有所差别，所以每天放学后的时间安排是无法固定下来的，需要每日一单。那么如何确定事件的类型、顺序呢？比如上述事件清单中，为什么考试版要把普通版中的钢琴、奥数时间去掉，而不是将自主时间缩短呢？这就涉及对事项的"轻重缓急"的判断，最常用且简单的就是著名管理学家史蒂芬·科维提出的"四象限法则"。

为事项分类，教孩子使用"四象限法则"

科维博士表示，所有的事件都可以根据其"轻重缓急"程度归于以下四个象限：

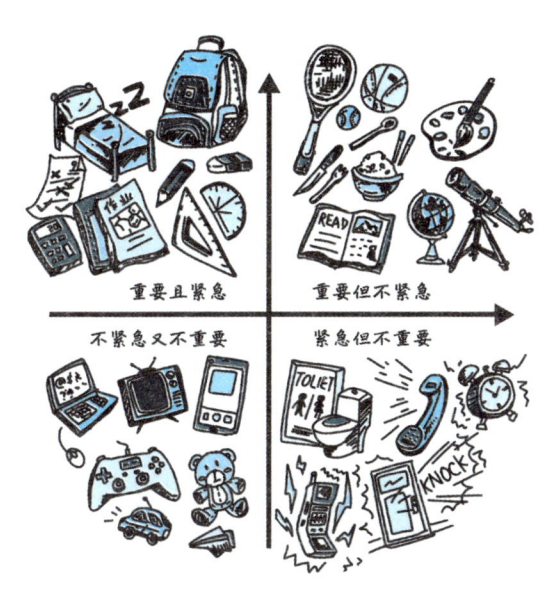

利用"四象限"法则将事件划分好之后，按照顺序完成即可，但重要的是如何判断每个事项该划分到哪个区域：

1. 重要且紧急的事项。顾名思义，这一系列事项具有紧迫性，需要马上处理，又有重要性，必须认真对待，否则会产生不好的后果。所以，这类事项归为A类，一旦发生，需要放下其他事情，优先处理，而且要保证效率和质量。

2. 重要但不紧急的事项。这类事情没有时间上的紧迫性，但对个人发展意义非凡，是提升个人能力、思想的重要途径。由于缺乏紧迫性，这类事情往往会成为"拖延"的受害者，一再被推迟、耽误，甚至到最后被放弃、被遗忘，而执行者也将失去提升自我的机会。

3. 紧急但不重要的事项。这类事项很容易被混淆为A类事项，它们在时间上的紧迫性往往给人们带来一种错觉：这件事情也很重要，所以大多数人可能会把这类事项优先处理，占用B类事项的时间。

4. **不紧急又不重要的事项**。没有时间上的紧迫性，同时对自身提升也没有重要作用，但却是每个人都喜欢做的事情。当然，这类事项有放松、调节心情的作用，但也容易使人沉溺其中，消磨心志，所以占用的时间要压缩到最短。

四类事项的含义已经解释清楚，那么对于孩子来说，它们分别代表什么事情呢？

对于处在生长发育期的孩童来说，最重要的事情无非是身心发展，身体方面包括饮食、睡眠、运动，内在提升方面包括学习、兴趣、人际。

那么这几大类应当如何划分紧急重要程度呢？这就要从家长们希望孩子呈现出什么样的状态说起，相信大部分家长所想应该是这样的：孩子睡眠充足，每天活力满满，能够完成老师布置的作业，在学业优秀的基础上还有时间做自己喜欢的事情，与其他小朋友交往，并且有精力发展一种特长。

首先，孩子的休息时间是不能够被缩减和占用的，除了要保证充足的睡眠之外，间歇型的休息（自主时间）、午休、周末休息（自主时间）都是必要的，这也就意味着家长不能以学习为借口要求孩子牺牲休息时间、放松时间，而是需要引导孩子养成良好的作息习惯；其次，就是学校的学习，复习学到的知识，完成老师布置的作业，这是最基本的。

因此，睡眠、自主休息、学校学习是最为重要且必须每天执行的 A 类事件。

健康饮食、运动、特长属于非常重要的 B 类事项，它们并不需要每天都做，但一定要形成规律。

举例来说，你不必每天给孩子做营养大餐，但从长远来看，要让他养成好的饮食习惯，不挑食，不暴饮暴食；孩子无需每天都做运动，但要保证一周有氧运动三次，每次 30 分钟；练习、培养特长有时候需要为考试复习让路，正因如此要更加重视，特长的培养并不是多一项技能那么简单，在练习的过程中，孩子各方面能力也会有所提升，甚至可以这么说，不管最后孩子是否精通了跳舞、书法等技能，他都已经收获了很多，比如忍耐力、抗压力等。

第 5 章　时间清单：教孩子合理安排事项顺序

事实上，我们无需完全将事项按照四象限法则划分，确定了重要事项之后，其他的事项可统一归为 C 类，视为相对不重要的事项，通通要配合重要事项的进行，穿插其中。

举个例子，孩子的生理问题——上厕所，这属于哪项，很难划分，既是紧急的，又不能说不重要，毕竟关乎着孩子的成长发育，但是能把它划分到重要且紧急的事项中去吗？自然是不能的，且这样的事件是极具不确定性的，随时都有可能发生。

再如兴趣阅读、看课外书、玩电脑、看电视、打游戏这些也是需要配合重要事项的进行，需要强调的是，在学习与学习之间的自主时间，尽量不要让孩子以"打游戏、看电视"的方式放松，否则思维跳跃太远，很难再拉回到学习上，闭目冥想、散步、听听音乐都是不错的选择。

最后一点，孩子由于磨蹭产生的各种行为均属于不重要事项，我们的目的就是要将这些事项减少到最低，另外，带孩子出去游玩、放松这些也是必不可少的，不过通常是安排在周末表和假期表中。

当然，家长为事项分类做的只是规划大方向，具体实施时需要孩子把握好，这就意味着家长要让孩子也明白事项的轻重缓急，学会合理安排事件的先后顺序，比如在做作业时，先做哪一科，简单的和容易的怎么安排，学习时间和休息时间怎么划分等。因此，家长不但要学这种方法，还要带着孩子一起学习，整个过程都让其参与进来，询问征求孩子的意见。

在具体的安排中应注意以下几个方面：

首先，不完全以学科为划分界限，同类型的任务归到一类。

比如书面作业是一类，实践性作业是一类，记忆类任务是一类，开放思考性又是一类。此外，在休息时间引导孩子将一系列琐事做完，比如吃东西、喝水、准备下一项作业的文具等。这样做的目的是把碎片化的时间联系在一起，避免不必要的浪费，同时也避免分散孩子的注意力。

其次，在遇到重大考试时，可以让孩子适当增加复习的时间，不过无论如何也不能耽误孩子的休息，可以占用一些课外活动的时间，当然不要过分要求孩子长时间学习，注意劳逸结合，否则可能会过犹不及。

联系上一节，可以制作出简单的星期表，例如：

周一	周二	周三	周四	周五	周六	周日
6:30 起床	6:30 起床	6:30 起床	6:30 起床	6:30 起床	8:00 起床	7:30 起床
6:50~7:30 吃饭、出门	6:50~7:30 吃饭、出门	6:50~7:30 吃饭、出门	6:50~7:30 吃饭、出门	6:50~7:30 吃饭、出门	8:00~8:50 洗漱、整理房间	8:00~8:40 早饭
17:00 放学	17:00 放学	15:30 放学	16:30 放学	17:00 放学	9:00 早饭	9:00~11:00 英语
17:15~18:00 写作业	17:00~17:40 写作业	16:00~17:00 舞蹈课	17:00~18:00 书法课	17:20~18:10 写作业	9:20~10:00 写作业	11:00~20:00 外出游玩
18:10~18:50 晚饭	17:40~18:00 自主时间	17:00~17:30 自主时间	18:00~18:30 自主时间	18:10~18:40 自主时间	10:00~10:30 自主时间	20:30~20:50 洗漱
19:00~19:20 兴趣学习	18:10~18:50 晚饭	17:30~18:30 写作业	18:40~19:20 晚饭	18:40~19:20 晚饭	10:40~11:50 舞蹈课	20:50~21:10 阅读
19:20~20:10 娱乐时间	19:00~19:30 英语训练	18:40~19:00 作文训练	19:30~20:50 写作业（中间有休息）	19:30~20:30 针对性训练（薄弱学科）	12:00~12:40 午饭	21:20 闭灯
20:10~20:20 英语阅读	19:30~20:20 自主时间	19:00~19:30 晚饭	20:50~21:10 书法练习	20:30~21:00 自主时间	13:00~14:00 兴趣学习	
20:30~20:50 洗漱、上床	20:20~20:40 兴趣学习	19:30~19:50 自主时间	21:20~21:40 洗漱、睡觉	21:00~21:20 洗漱	14:00~17:00 自主时间	
20:50~21:20 课外读物	20:40~21:10 洗漱	19:50~20:10 兴趣学习		21:20~21:40 阅读	17:00~17:40 晚饭	
21:30 关灯	21:10~21:30 上床睡觉	20:20~21:00 手工		21:50 关灯	17:50~18:20 自主时间	
		21:00~21:20 洗漱			18:20~19:00 亲子活动	
		21:20~21:40 睡前阅读			19:10~19:50 书法练习	
		21:50 关灯			20:00~20:40 英语	
					20:40~21:00 洗漱	
					21:10 关灯	

以上事项安排仅作为参考，具体实施根据个人情况，且周末最好带孩子出去郊游、和小朋友们玩耍等。

花样设定合理的作息时间表

一般情况下,孩子的磨蹭行为无非就是出现在"作息环节""吃饭、出门准备环节"以及"学习环节"。对此,家长可以在列出日常流程性的时间表格之外,再分模块为孩子制定特殊环节的事件表格,形式、色彩更多样化。

孩子的作息,相信也是让不少家长头疼的问题。

案例导读

晚上吃过饭,潇潇在妈妈的催促下不情不愿地写完了作业,之后便拿着自己的芭比娃娃去一边玩了,不知不觉快到睡觉的时间了,妈妈说:"潇潇,我们先不玩娃娃了,该洗漱洗澡睡觉了。"

潇潇像没听见似的,无动于衷,妈妈摇摇头,心想真拿这孩子没办法,只好走近又重复了一遍,潇潇才算是听见,只回应了一声"嗯",却还是一动不动,等了好一会儿,妈妈实在是忍不了了,在潇潇面前苦口婆心地说了一通,什么明天还要上学,睡得晚了身体不好之类的,而潇潇压根都没听进去。终于,妈妈生气了,气急败地训斥了潇潇,潇潇还哭了起来,一直折腾到很晚。

第二天早上,起床的时间到了,潇潇还是不起床,说自己没睡够,这一说妈妈的火气瞬间上来了:"昨天晚上要不是你闹,能睡那么晚吗?"

下午的时候,潇潇的妈妈又接到了老师的"投诉电话",说潇潇上课昏昏欲睡,没精打采的,问是怎么回事。

潇潇放学回来后,妈妈本来想跟她好好说说老师反映的问题,打算让她早点睡觉，可是潇潇玩得兴致勃勃的，没有一点上床休息的意思。

妈妈长叹了一口气，这可怎么办？

现实中，也有不少孩子会出现潇潇这种情况，表现出"晚上不睡，早上不起，上课无精打采，放学热情高涨"的状态，除去对学习缺乏兴趣的原因，很大程度上是作息出了问题，由于没有休息好，上课时困意正浓，无法专心听讲，放学之后，困劲儿过去了，精力一直没有得到释放，于是静不下心来写作业。

另外一点，如果孩子在作息方面处于非常随意的状态，他就会越来越不把作息时间当回事儿，久而久之还是形成"晚上不睡，白天不起"的状态。

因此，规定作息时间越早越好，儿童时期是孩子养成良好习惯的最佳时期，这时候养成的习惯往往会伴随终生。当然，制定花样的作息表，只能在一定程度上吸引孩子的注意力，并不一定能够让他完全遵守，不过家长们也不要着急，具体的执行方案会在下一章系统阐述。

对于学龄前儿童，作息时间表越形象越好，用图画的形式展现出来，且在制作的过程中也让孩子参与进来，自己动手画。比如：睡前清单和起床清单。

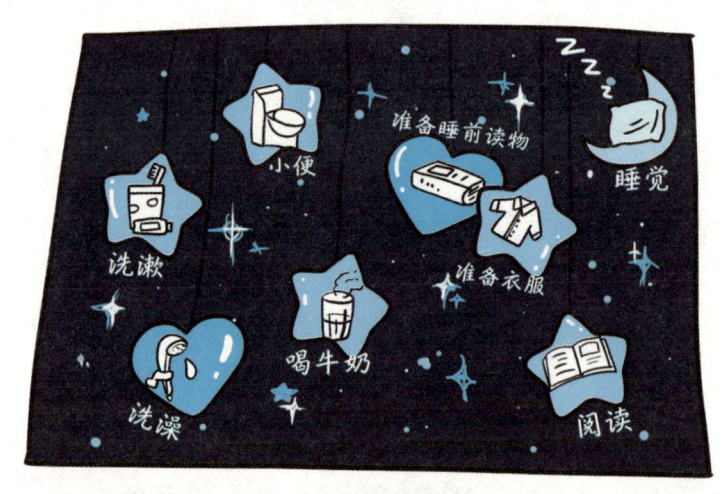

睡前清单

起床清单

当然，学龄期儿童的作息清单也要形象化，至少在视觉上先吸引孩子的注意力。让孩子早睡按时起床需要注意的几个方面：

睡前／晨起清单事项

睡前事项基本包括：洗漱、洗澡、小便、喝牛奶、准备睡前读物。准备第二天的衣服、阅读或讲故事等。

晨起事项主要包括：上厕所、穿衣服、洗漱、喝热水、梳头、吃早餐、出门等。

睡前释放精力

孩子的精力要比家长们想象中多得多，很多时候不是他们故意不想睡觉，而是精力充沛睡不着，家长应当学会判断，且在睡前制定一系列释放精力的活动，比如上文中提到的让孩子去楼下散步、跟其他小朋友玩或者在室内进行一些运动量大的游戏，孩子感觉到疲惫了，自然就会有休息的需求。

另外一点，睡觉前千万别让孩子玩手机，手机光线、画面等会极大程度上影响孩子的睡眠。

调动睡觉的欲望/起床动力

当然，除了精力充沛外，也有的孩子就是单纯地不想睡觉，为什么呢？因为他觉得有东西在吸引着他，而他认为睡着了这东西就会消失，这就是为什么有的孩子听睡前故事会越听越精神的原因。因此，调动孩子睡觉的欲望，最好就是从睡前最吸引他的事情入手，比如他想玩玩具，那就告诉他玩具会在他的梦里出现，跟他一起去冒险。

起床也是如此，用孩子感兴趣的事物来调动他的动力。

在具体执行上，学龄前儿童更偏向于家长以故事角色扮演的方式，而学龄期儿童则更偏向于实质性的奖励。

比如对于学龄前儿童，家长可以这样说："时间到了，只有刷牙洗脸才能见到小猪佩琪，马上行动，这样才能快点看到你的小伙伴们。"对于学龄期儿童，家长可以这样说："按时起床可得三颗红星，否则就是一颗蓝星，红星攒齐了就奖励你那块炫酷的手表。"

在实践的过程中还可以用到很多激励性的方式方法，比如代金币、兑换礼物、限时奖励等等，在极大程度上激起孩子按照时间表进行的欲望。

按照睡前清单逐一"打怪"

告诉孩子，睡觉是一个"打怪升级"的游戏，"怪物"就是睡觉前清单上的一系列事项，就像手机游戏的设定一样，每过一关就会有相应的奖励（红心、代金币、小礼物），这种不断进行的规律性的外部刺激，会强化孩子的行为，使其逐渐养成习惯。

规定按时入睡的界限

规定一个明确的时间点作为界限，也就是说在这个时间点之前必须关灯睡觉，每天都要告诉孩子"10点钟，我们准时睡觉哦"，如果到时间了，孩子还是不想睡觉，父母应该怎么办呢？不管在规定的时间点之前父母是如何哄孩子，给他讲故事还是玩游戏，一旦过了这个时间点，父母就应该迅速"撤离"，不再陪着他玩。用实质性的奖励诱惑时，要注意不能直接或许诺给礼物，应该使用红心或代金币，但数量上要更多。如果孩子哭闹，家长千万不要妥协，否则会前功尽弃，先用动作和言语安抚孩子的情绪，然后问他为什么哭并告诉他这么做的原因，如果孩子仍旧大哭大闹，也不要训斥，更不能说"再哭就不要你了"这样的话，让孩子自己冷静下来。

关于不按时起床、睡觉的问题，还有一个方法。在保证孩子睡眠充足的情况下，如果孩子还是赖床，早上不起，可以这么跟孩子约定：超过几分钟起床，晚上就要早几分钟上床。不要心软和唠叨，坚定按照约定的内容执行即可。

不按时睡觉也是同样的道理，告诉孩子，他超过多长时间上床睡觉，第二天就晚多长时间喊他起床，看看他更在乎哪个时间段。

以上，就是作息模块需要注意的方面，当然实际操作中可能会出现更多意想不到的问题，关键记住，不要妥协和唠叨，平静坚决地执行。

吃饭魔法，小磨蹭不见了

关于孩子吃饭，家长的抱怨之声从未断绝。不管是学龄前（5～7岁）还是已步入学龄期（7～10岁）的小朋友似乎都存在这样的情况，所以在网上经常有这样的求助帖：

我女儿五岁，吃饭特别特别慢，饭量也挺好的，就是吃饭习惯不好，喜欢吃一口跑去玩一会儿，再回来吃一口，让人很头疼，怎么给她培养良好的吃饭习惯呢？

孩子吃饭时总是三心二意，非要一边看电视一边吃饭，总是盯着屏幕好久才能吃一口，每顿饭都能从热吃到冷，说了多少次，孩子就是不听，我都不知道该怎么办才好。

可见，对于孩子吃饭磨蹭，家长非常苦恼却又没有行之有效的办法。

对于孩子为什么吃饭磨蹭，除了身体因素之外，当然也有一些外界因素的影响，诸如饭菜不合口、规矩太多、环境因素等，但这些原因都相对表面化，只要发现就很容易解决。真正令家长烦恼的是，在刨去这些因素之外，孩子在吃饭期间仍三心二意，总要去做或者想其他事情，或者不好好吃饭，浪费粮食。

对于这样的情况有什么好办法呢？很多家长都认为大一点的孩子更容易"管教"，其实在习惯的养成方面，过了特定时期后，反倒是越小越有优势。在孩子吃饭的问题上，这样几个方法以及注意事项能够帮助他们摒弃坏习惯，向好习惯靠拢。

让孩子参与到做饭计划中

很多父母都认为5～10岁正是孩子爱玩的年纪,对很多生活上的事情都不懂,所以一般不会主动要求他们做家务,尤其是比较繁琐的事情。但其实,适当地要求孩子做一些家务,一方面能够帮助他们释放过多的精力,一方面能够使他们体验到劳动的快乐和时间带来的价值,并且会更好地享受自己的劳动成果。

做饭是家长们每天都要进行的家务之一,既繁琐又隐含诸多危险隐患,我们可以让孩子尽量多地去做一些辅助工作。

对于较小的孩子(5～7岁)而言,可以跟着父母去买菜、肉、水果,让孩子帮忙挑选、拎袋子。在这一过程中也可询问孩子的意见,看他喜欢吃什么,还可以让孩子算价格、记忆所用时间,锻炼其思考和记忆力。

对于稍大的孩子(8～10岁)而言,除了上述事情之外,还可以让他们帮助父母洗菜、择菜、摆放碗筷等。

家长们不要想当然地认为孩子不喜欢这样的事情,就不去要求他们做,孩子的好奇心体现在所有他们能接触到的事情上,有时候孩子主动要做,家长也会说:"你会干什么呀,别耽误我就行了,快玩去吧!"这样的话实际上充满了消极意味,不仅会挫伤孩子的积极性,也会打击他们的主动性。总之,孩子参与做饭,当满满的饭菜上桌时,他们就会产生一定的成就感和自豪感,对"吃饭"的排斥感也会减少,另一方面,经过一系列体力消耗,也更容易产生饥饿的感觉。

坚定的父母,终结无力感

餐桌上的父母,总会扮演这样的角色:从开始的"宝贝,看妈妈做了这么多好吃的,快吃点吧"到最后"你这孩子怎么这么不听话啊",苦口婆心到气急败坏,有的甚至会追着"喂",家长们好像都是在"求"孩子吃,而孩子不管家长是怎样的,他所表现出来的都是"抵触"和"逆反"。

家长的这种做法更加助长了孩子的嚣张气焰，这会让他们觉得自己吃饭是为了"父母"，还会让他们更加反感，所以家长最好保持坚定，不去逼迫和规劝，千万不要不忍心，更不能率先破坏规则。

饭前规定好吃饭的时间和吃零食的时间，但在吃饭期间不强制不啰嗦；饭点

- [ ] 规则设定：不宜多，与孩子商量
- [ ] 家长引导：参与感、成就感、惩罚机制
- [ ] 兴趣激发：游戏、比赛、辅助工具
- [ ] 不断强化：循环、"诱惑"或奖励、危机感
- [ ] 习惯养成：吃饭不磨蹭，不排斥，不浪费时间

一到，家长要做好带头作用，主动坐到饭桌前，通知孩子吃饭只说两次；孩子不好好吃饭，家长不要喂，只提醒几句；饭点一过，立刻收拾碗筷，并要求孩子将自己的餐具收拾到厨房；如果孩子没吃饱向父母索要零食，不能心软答应；孩子哭闹或者一直赌气不吃饭，家长要和孩子进行谈判提条件，而不是立刻答应，让他认为自己的威胁是有效的。

辅助工具激发兴趣

孩子在吃饭期间爱玩，这说明他觉得吃饭是一件无趣的事情，那么家长就可以根据孩子的特点、喜好为吃饭增加趣味。

可以在餐具、桌椅上做文章，比如，贴上他喜欢的卡通人物贴纸，使用他所喜欢的颜色等，根据实际的成功案例，孩子使用自己喜欢的碗会促使他尽快将饭吃完。

"边界线"防止乱跑

孩子在吃饭时坐不住，总是乱跑，也是导致其吃饭磨蹭的原因之一。孩子往外跑表明他感兴趣的东西在外面，那么就要把他的注意力转移到餐桌周围，给他规定一条"边界线"。比如，在界限上以他喜欢的卡通人物为标志，告诉他跨过去，这个小卡通人就会不高兴，就会生气；或者设置比赛，全家人都参与进来，出了界限就要接受相应惩罚，先完吃饭就能享有特权，请孩子进行监督等。

"场景"游戏建立秩序

不管是小一点的孩子还是稍大的孩子，对于游戏的"痴迷"都是共同的，因此可以将游戏与吃饭结合起来。

例如，通过角色扮演，孩子所扮演的角色需要无条件服从爸爸所扮演的角色，按时吃完饭，之后再互换；或者根据剧情设定，所有人需要在规定区域内完成规定任务等（任务就是吃饭）；也可以和孩子爱看的动画片、爱玩的游戏剧情结合，扮演其中的角色等，这就需要父母对孩子的喜好深入了解。

制定吃饭清单，红蓝心对比引发危机感

吃饭清单事项包括：洗手、餐具取放、餐桌礼仪、离桌等，具体见图。

红蓝心就是红心和蓝心，准备一张纸，写上所有家庭成员的名字，名字下方画上表格，每次吃完饭之后，都要做统计，按时吃完的得红心，按照吃的速度和质量决定红心数量，没有按时吃完的得蓝心，同时也会根据表现决定蓝心数量。

家长要让孩子参与到表格的制作过程中，并且要让他们知道红心和蓝心的作用：红心能兑换什么样的礼物，蓝心有什么样的惩罚等。

这样做会对孩子形成一个较为持久的吸引力，同时在比较的过程中，孩子也会产生紧张感和危机感，从而有意识地好好吃饭，这样的方式也可以用到其他习惯的培养中。

儿童时期正是孩子养成各种习惯的黄金时期，家长们应当足够重视。当然，

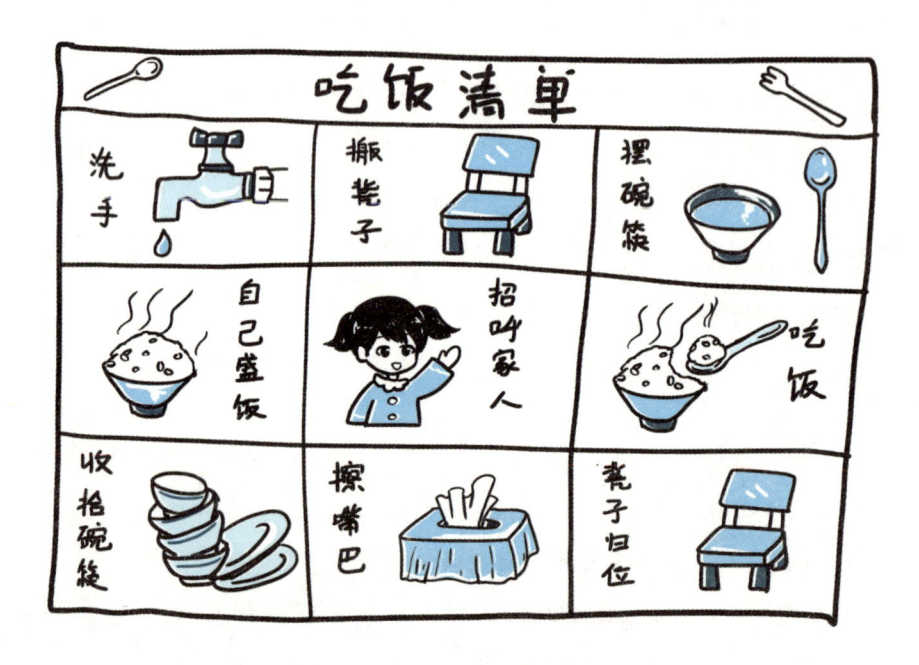

吃饭清单		
洗手	搬凳子	摆碗筷
自己盛饭	招呼家人	吃饭
收拾碗筷	擦嘴巴	凳子归位

所谓的重视并不是要家长时时在孩子周围督查提醒、耳提面命，而是要给予适当的引导，让孩子自主自我养成好习惯，这并不是一朝一夕可以实现的，需要家长在了解了方法之后能够坚持实行下去，不可心急想着一蹴而就。

假期表，让孩子假期不放纵

假期是什么样的存在？孩子们的欢乐季节，家长们的烦恼季节，孩子们喜的是终于可以放开大玩，家长们愁的是孩子怎么过？

两个月的暑假、一个月的寒假，想让孩子怎么过？

漫无目的地玩，想做什么就做什么？

只要写完暑假作业，剩下的时间随便？

合理安排，学习不丢下，玩得尽兴还能有所收获？

> 不写作业打游戏
> 晚上不睡玩玩具
> 爱看电视要人陪
> 房间混乱不去理
> 不知干嘛又无趣
> 手机IPad攥手里

> 自觉学习还阅读
> 个人爱好不耽误
> 轮滑唱歌样样行
> 房间衣物勤整理
> 好友共去图书馆
> 人际交往也顺利

状态？

相信第三种度过暑假的方式和图中右边的状态是所有家长们都梦寐以求的，可这看起来好像又不可能。其实，哪有什么不可能，如果连你都打了退堂鼓，孩子还怎么能做到。

只要想做就没有不可能，来看看两个类型的经典暑假计划。

时间	星期一	星期二	星期三	星期四	星期五	星期六	星期日
全面发展型儿童假期生活计划表							
8:00	起床、铺床、洗漱	起床、铺床、洗漱	起床、铺床、洗漱	起床、铺床、洗漱	起床、铺床、洗漱	起床、铺床、洗漱	起床、铺床、洗漱
8:10～8:30	早餐	早餐	早餐	早餐	早餐	早餐	早餐
8:30～9:00	晨读	晨读	晨读	晨读	晨读	晨读	晨读
9:00～9:30	练字	练字	练字	练字	练字	练字	练字
9:30～10:00	休息	休息	休息	休息	休息	休息	休息
10:00～11:30	阅读（中文+英文）	阅读（中文+英文）	阅读（中文+英文）	阅读（中文+英文）	阅读（中文+英文）	钢琴课	阅读（中文+英文）
11:30～12:00	自主时间	自主时间	自主时间	自主时间	自主时间	自主时间	自主时间
12:00～12:30	午饭	午饭	午饭	午饭	午饭	午饭	午饭
12:30～13:00	休息	休息	休息	休息	休息	休息	休息
13:00～13:30	科普读物	科普读物	科普读物	科普读物	科普读物	科普读物	科普读物
13:30～14:30	写假期作业或家长布置的作业	写假期作业或家长布置的作业	写假期作业或家长布置的作业	写假期作业或家长布置的作业	写假期作业或家长布置的作业	写假期作业或家长布置的作业	写假期作业或家长布置的作业
14:30～15:00	手工或休息	手工或休息	手工或休息	手工或休息	手工或休息		
15:00～16:00	弹钢琴	弹钢琴	弹钢琴	弹钢琴	弹钢琴	外出游玩或去电影院	外出游玩或去电影院
16:00～17:30	运动	运动	运动	运动	运动		
17:30～18:00	日记	日记	日记	日记	日记	日记	日记
18:00～18:30	晚饭	晚饭	晚饭	晚饭	晚饭	晚饭	晚饭
18:00～19:00	自主时间	自主时间	自主时间	自主时间	自主时间	自主时间	自主时间
19:00～20:30	游泳课	课外学习	课外学习	课外学习	课外学习	课外学习	课外学习
20:30～21:00	自由活动	自由活动	自由活动	自由活动	自由活动	自由活动	自由活动
21:00～21:30	洗澡	洗澡	洗澡	洗澡	洗澡	洗澡	洗澡

备注：周六日可将户外活动的时间适当延长，全家游玩，具体按实际情况安排。

第5章 时间清单：教孩子合理安排事项顺序

时间	星期一	星期二	星期三	星期四	星期五	星期六	星期日
	英数双牛型儿童假期生活计划表						
7:30～8:00	起床、铺床、洗漱	起床、铺床、洗漱	起床、铺床、洗漱	起床、铺床、洗漱	起床、铺床、洗漱	起床、铺床、洗漱	起床、铺床、洗漱
8:10～8:30	早饭	早饭	早饭	早饭	早饭	早饭	早饭
9:00～10:30	英语阅读+训练	英语阅读+训练	英语阅读+训练	英语阅读+训练	英语阅读+训练	英语阅读+训练	英语阅读+训练
10:30～11:00	休息	休息	休息	休息	休息	休息	休息
11:00～12:00	假期作业	假期作业	假期作业	假期作业	假期作业	假期作业	假期作业
12:00～12:30	午饭	午饭	午饭	午饭	午饭	午饭	午饭
12:30～13:30	午休/自主	午休/自主	午休/自主	午休/自主	午休/自主	午休/自主	午休/自主
13:30～15:30	奥数课	奥数课	奥数课	奥数课	奥数课	钢琴课	书法课
15:30～16:00	运动	运动	运动	运动	运动	运动	运动
16:00～17:00	休息	休息	休息	休息	休息	休息	休息
17:00～17:20	书法	练琴	练琴	书法	书法	手工	手工
17:30～18:00	晚饭	晚饭	晚饭	晚饭	晚饭	晚饭	晚饭
18:20～19:00	奥数	作文	奥数	作文	奥数	科普阅读	阅读阅读
19:00～20:00						口语练习	口语练习
20:00～20:30	娱乐自主安排	娱乐自主安排	娱乐自主安排	娱乐自主安排	娱乐自主安排	自由活动	自由活动
20:30～21:00	英语	英语	英语	英语	英语	课外阅读	课外阅读
21:00～21:20	洗漱上床	洗漱上床	洗漱上床	洗漱上床	洗漱上床	洗漱上床	洗漱上床
21:30	熄灯	熄灯	熄灯	熄灯	熄灯	熄灯	熄灯

备注：应定期安排户外活动，比如短途旅行、郊游等。

需要反思和注意的几个问题：你是否在孩子放假没几天时就开始让他执行计划表？你是否问过孩子的建议？你是否考虑过孩子的感受？你是否融入了太多家长意识？

对于假期，孩子的想法是怎样的？

是把"玩"放在首位，想着做很多有趣的事情，可以打游戏，跟小伙伴尽情地出去玩……

对于假期，家长的想法又是怎样的？

马上又要升高年级了，不学习怎么能适应，这是家长们的一贯想法，甚至有的家长会因为孩子成绩不理想而让他们在假期"强加工"，剥夺了孩子玩的权利。

假期计划的目的是什么呢？

防止孩子在假期无节制地玩，能够适当学习有所收获。

防止无节制地玩，但并非是不让玩，假期是孩子们暂时离开课堂进行休整调节，准备迎接新知识的阶段，如果家长一味把自己的主观想法强加在孩子身上，而不考虑他们的感受，使得假期学习强度太大，很有可能适得其反，削弱孩子的学习欲望。

图为孩子假期玩耍的愿望曲线，明确展现了孩子玩耍欲望随时间变化的规律。

根据这个曲线，家长可以把孩子的假期分三个阶段，逐一采取相应的应对方式。

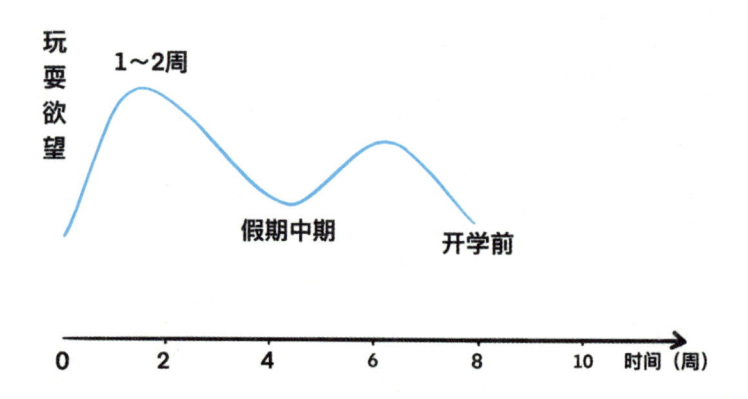

第一阶段：假期初期，放养阶段。

第一阶段就是孩子刚进入暑假，玩心最大，如果家长在这时丢给他一张满满当当的计划表，他肯定一百个不乐意，也肯定不会坚持下去。因此，这时候，家长最好采用放养的方式，让孩子多外出活动，比如参加夏令营、回老家、去旅游等。

第二阶段：假期中期，圈养阶段。

这段时间因为之前尽兴地玩，孩子的玩耍欲望已经有所降低，但由于自控能力弱或者其他原因，可能无法很快进入学习状态，需要有人给他指明方向，这时候家长再介入，他的抵触心理就会减弱很多。这个阶段主要就是按照计划表进行，让孩子在完成暑假作业的基础上，参加兴趣班，多进行阅读训练，多做家务等。

第三阶段：假期后期，收心阶段。

这一阶段持续时间较短，一般来说为开学前一周，主要内容为调整作息，检查作业完成情况，适当学习预习，总结假期收获等，计划表可以据此做些调整。

明确以上内容，相信家长就能够和孩子一起度过一个充实又美好的假期。

多彩学习表，让孩子轻松面对作业

孩子的学习至关重要，放学回到家后的学习就是以"写作业"为主，那么在写作业时，孩子们会呈现怎样的状态呢？

比如：
静不下心来，东张西望，三心二意；
做题速度慢，写字慢，遇到难题不会灵活应对；
一写作业就各种找东西，半个小时的作业量，一小时还完成不了；
不想写作业，被逼无奈，故意磨蹭；
……

相信不少家长都会遇到这样的情况，也会思考一个问题，如何让孩子自己轻松地面对作业呢？

对于这个问题，分为两部分解答：第一部分是关于作业清单的设定；第二部分是写作业时磨蹭的各种深层原因及针对性对策。根据原因，实行有效措施，再加上学习表的辅助作用，会事半功倍，使孩子尽快养成良好的写作业习惯，让家长和孩子都轻松。

作业清单的内容

内容及流程：列出作业计划－作业前准备－使用番茄闹钟－书

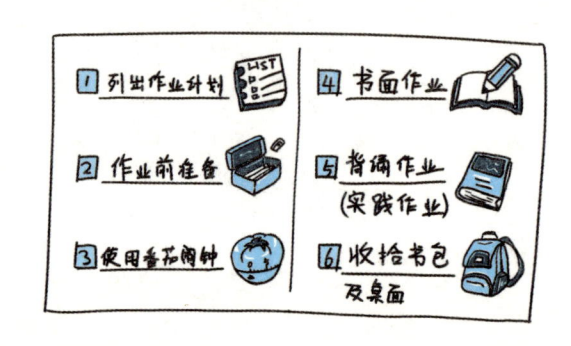

面作业－背诵类作业（实践类作业）－收拾书包及桌面。

问题：作业前的准备包括什么？

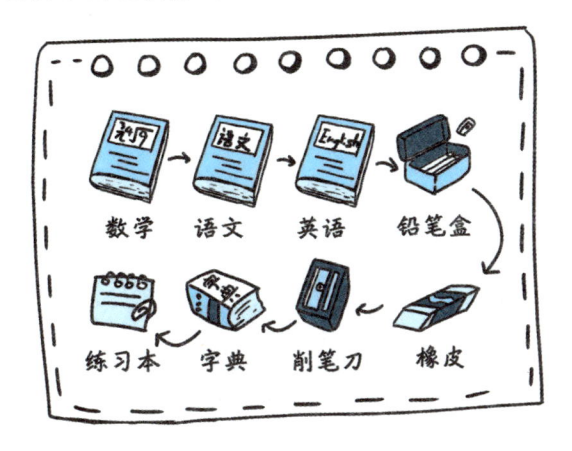

喝水、上厕所、准备课本作业本、用到的文具等。

问题：作业计划是什么？

即将所有的作业标明学科、书面还是背诵，详细列举出来，再标明每一项的顺序和完成情况，例如：

日期： 2019年10月23日星期三	内容	顺序	完成情况
语文	背诵古诗一首	5	
	听写第五单元 学习园地——成语	1	
数学	第56页"做一做"练习题	2	
	练习册第20页	3	
英语	阅读一篇短文	4	

备注：在写作业、学习的过程中也可以教孩子使用思维导图，整理学习思路，例如：

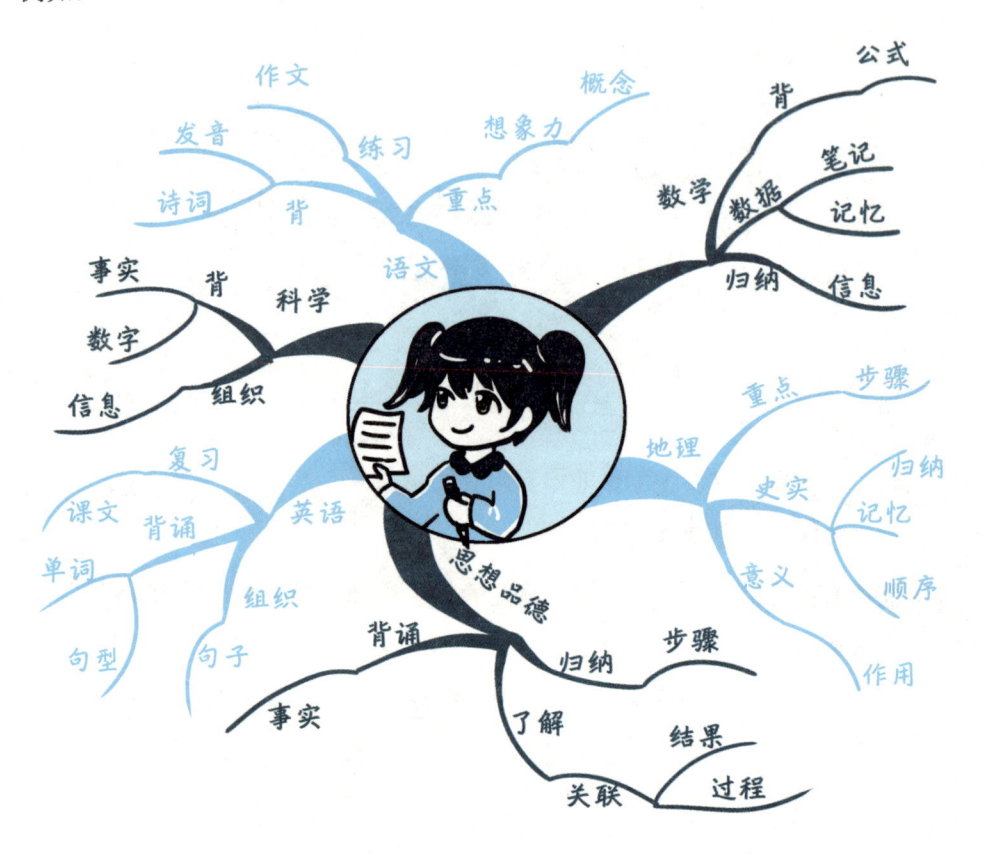

（思维导图：语文——作文、发音、诗词、背、练习、重点、想象力、概念；数学——背公式、笔记、数据、记忆、归纳、信息；地理——重点、步骤、史实、归纳、记忆、意义、顺序、作用；思想品德——背诵、归纳、步骤、了解、关联、结果、过程；英语——复习、课文、背诵、单词、组织、句型、句子、事实；科学——背、事实、数字、信息、组织）

先写作业再玩的关键

你的孩子放学回到家是第一时间打开书包写作业，还是玩得尽兴后，等你喊个几遍才慢吞吞地开始写？笔者相信后一种情况居多，因为孩子都是追求"即时收益"的，根本不会去理会"先工作再获得"的顺序，那么先写作业再玩的关键也就是从这一点入手。

第5章 时间清单：教孩子合理安排事项顺序

案例导读

萌萌是一名小学一年级的学生，她的情况跟很多小朋友差不多：作业磨磨蹭蹭、吃饭需要一个小时、晚上超过10点或11点才睡觉。

这天，萌萌妈妈请来一个专门为孩子做时间管理训练的老师，老师和萌萌开启了这样一段对话。

老师：萌萌，我们先来聊聊作业问题。你放学回到家，是先看动画片，在你看的过程中，妈妈不定时在催你做作业，动画片看得安心吗？

萌萌：不安心，只要有一点动静就担心妈妈来催我做作业了。动画片里的精彩画面有很多没看清楚，看得心里很慌，不踏实。

老师：作为一名学生，上课很重要，能否商量一下能不去吗？

萌萌（摇头）：上课肯定要去的。

老师：作业就是上课的延续，也是不用商量就要完成的任务，是吗？

萌萌（点头）：是的，肯定要做作业的。

老师：既然是一定要完成的任务，何时完成更妥？如果先做作业，然后看电视或玩耍，妈妈还会再催你做作业吗？看电视也看得更安心了。

萌萌：是的，还是先做作业更合算，今后就先做作业，然后才玩。这样妈妈也不会老生我的气了。

当工作（艰难的部分）先于玩耍（快乐的部分），孩子会明白努力才会带来回报，让孩子领悟到工作在前回报在后的人生智慧。案例中的老师仅靠说就打动了萌萌，但现实中或许没那么简单，加上一些具体的方法或许会更有效，比如：

放学后和孩子讨论作业清单或课后安排，把作业这一项放在最前面，且将时间量化，让孩子知道从放学到睡觉一共有几个小时，这几个小时都要做什么事情，留给自己的时间有多少，比如从放学到睡觉有 5 个小时，吃饭、洗漱用去 1 个小时，特长训练用去 1 小时，还有 3 个小时，如果写作业用 1 个小时，还有 2 个小时可以自由安排，如果写作业用 2 个小时，就只有 1 个小时用于自由安排。

安排一些孩子特别喜欢的项目，也就是说着重探讨孩子自主时间的娱乐项目，在"作业完成之后"，促使孩子尽快完成作业，比如读课外书、绘画、亲子游戏等，告诉孩子，如果某个时间前完成作业，我们就一起玩这个项目，因为这个"后驱力"，孩子会快速地先把作业完成。

如果偶尔玩太晚，忘记或者没写完作业，让孩子自己承担"后果"。孩子写不完作业需要面对的"严重后果"，就是老师的检查，如果孩子由于贪玩、磨蹭没有写完作业，害怕没有办法跟老师交代，就想着让爸爸妈妈去跟老师说，这时候千万不要心软，让他自己承担，这会有效防止再次发生同样的情况。曾有这样一个真实案例：一个二年级的小朋友，因为头一天晚上没有写完作业，第二天让妈妈去跟老师说，妈妈没有去，结果这个孩子早上写完了之后才去学校，而且从那次开始再也没有不完成作业的情况发生。

磨蹭的具体表现及对策

表现一：弄不清楚作业都有什么，文具准备混乱，常常找东找西，还总是漏题错题。

分析：条理性太差，独立性弱。

对策：这种情况一般是父母包办太彻底，孩子什么都不用自己动手。心理学上有一个 100% 理论，可应用到很多事情上：如果父母做了 20%，那么孩子就能做剩下的 80%，这意味着孩子的独立性得到了培养，反之则很有可能出现上述情形。所以，这种情况，父母必须要放手，让孩子自己安排自己的事情（穿衣、吃饭、洗澡），甚至适当指使他帮忙做家务，千万不要有"他还小，他不会"的想法，父母替孩子把他力所能及的事情都做了不是爱，而是剥夺了孩子成长和锻炼的机会。

第5章 时间清单：教孩子合理安排事项顺序

表现二：一写作业就如坐针毡，愁容满面，半天做不完一道题。

分析：出现这样的情况，一般是因为孩子基础较差，作业不会做，久而久之就会对学习失去兴趣。

对策：作业按照先易后难顺序；家长认真帮孩子解答、补习；让做作业的过程充满乐趣：通过竞赛，用红心、代金币奖励。

表现三：小动作多，活动频繁，东张西望。

分析：缺乏专注力，注意力不集中。

对策：这种情况下，最好的方式是将作业分段进行，学习时间不能太长，比如半个小时的作业量，要按照 15 分钟—10 分钟—25 分钟进行，之后再逐渐延长时间。当然，平时家长也可以有意识地对孩子进行训练来锻炼专注力，比如扑克牌游戏、"找不同"游戏等需要集中注意力的游戏，还可以通过听题问答的方式，比如读一篇让孩子感兴趣的文章，之后问他几个问题，回答上来就有奖励。这些方式在提高孩子专注力的同时还可以锻炼观察力和记忆力。

表现四：爸爸妈妈盯着就写得快，不看的时候就不写。

分析：这种表现属于故意磨蹭，带有报复心理，应先从家长身上入手。

对策：对于这种情况，家长应先反思是否给孩子安排了太多学习事项，导致孩子认为写完了一项还有下一项，就会失去动力，但是又不敢反抗，所以只好以磨蹭表达自己的抗拒。

如果是孩子自己的原因，父母应该和孩子估算写作业的时长，将"作业时间"量化，参考上面的例子。

除了上述原因之外，还有时间观念不强、过于追求完美等原因，可参考前文的应对策略，明确了原因再配合使用作业清单，相信效果会很明显。

第 6 章 实践执行：

引导孩子履行时间表

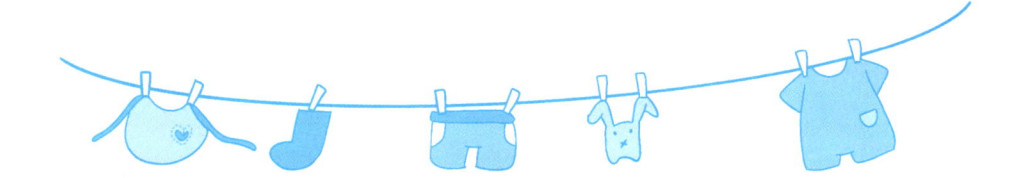

实际上，制作各种各样的计划并不难，难的是如何让孩子执行，有不少家长会抱怨，辛辛苦苦为孩子做的学习计划，结果坚持了没几天，孩子就不闻不问了。

这样的现象不是个例。很多家长在制定计划时，往往会"一意孤行"，自己想到什么就写上什么，不管是事项类型还是步骤流程，很少询问孩子的意见，认为问了他们也没什么用，反而会加上很多没有意义的事情，这样的想法显然是错的，不仅会增加孩子的抵触心理，还有可能导致计划内容比重严重偏离；另一方面，计划制定完，在执行方面，很多父母会采用这样的态度：严格监督，强迫孩子完成；或者不怎么关注，希望全凭孩子自觉；也有的家长和孩子一样，开始时十分关注，之后越来越懈怠……

上述行为都会引发一系列问题，在执行的过程中家长多反思、多注意，尽量有意识地让自己不去犯这些明显的错误。

其次，也是最重要的，如何调动孩子的积极性，提高执行力呢？

除了语言上的支持鼓励，有没有什么具体、可实操的方法呢？答案是肯定的。

只有让孩子按照时间表执行，时间表的制定才有意义，否则只是废纸一张。所以家长们一定要不遗余力地用最适合孩子的方法引导他，最后慢慢形成习惯，形成自觉。这一章，笔者给出了几个有效的小方法供家长们参考，但要注意，不要完全照搬，要根据自己家孩子的实际情况进行调整，适合的才是最好的。

画出执行图，形象化表述执行进度

不知道家长们有没有这样的经历：看到堆积如山的任务事项，焦头烂额，瞬间没有了工作的欲望；一项工作如果领导催得特别紧，心里想的不是赶快完成，反而会抵触这项工作；看不到工作的进度，看不到已做和未做之间的对比，工作积极性就会降低……

其实，孩子也是如此。

试想一个这样的场景：当孩子刚上完课，带着一堆作业回到家里，正为作业发愁时，你拿着一张密密麻麻的学习计划表，告诉他作业要在 1 小时内完成，而且做完之后，还有英语阅读、作文训练……孩子听了会怎么样？

结果显而易见，家长换位思考，便能知道孩子会有怎样的举动：换做是你，你会乖乖执行吗？显然不会。

那么家长该如何做，才能调动孩子遵循学习计划、事项清单的积极性呢？

实际上，每一个事项都可以制定出事项清单，起床有起床清单，睡觉有睡觉清单，写作业有作业清单，阅读、专项训练、特长练习都可以列清单。

有家长不禁会疑惑，这么多清单难道不是把简单事情复杂化了吗？本来吃饭、睡觉就一个词语，清单一列一大堆，孩子看了不更得心烦？

这种理解是不正确的，清单的制定并非是平白无故多加了很多事项，而是将事件条理化，让孩子能够清楚自己应该怎样一步一步进行，知道一共有多少步，换言之，他能够看到目标到底有多远，而自己正处于什么位置。

打个比方，当你新进入一家公司，经理只说，你的职务是营销，其他一概没说，你有什么感想？而如果经理告诉你，你今天的任务是××，先做什么，再做什么，你又会有什么样的感想？当然，现实中可能不会出现这样的情况，但是你的想法已经表明，当一件事情的具体步骤放在你的面前时，执行的欲望会自觉上升，因为你知道它应该怎么去做，心里就会跃跃欲试。另一方面，这种形式还会让你在短时间内看到自己的进度，这样在执行的过程中又会形成激励。

回到孩子身上，在阅读英文短文时，可以给孩子划定这样的顺序：通读全文—分段阅读并标记不会的单词和句子—查字典、理解句子—翻译全文—再次通读—回答相关问题—用其中的单词、句子进行对话。

写作业的过程上面的章节也提到过，准备工作是必要的，但是各项作业的排序以及完成情况更加重要，是绝对不能省略的，即一般顺序为：列作业计划（各项作业顺序和预计时长）—作业前准备（课本、文具、作业本、解决生理问题）—在完成的作业项后做出标记—对疑难问题再度思考—收拾书包和书桌。

此外，如果孩子吃饭、起床、睡觉拖拉磨蹭，涉及这些事项的清单也一定要重视起来，千万不要因为看着麻烦，就弃之不顾。

各事项顺序确定好之后，就可以开始"画"执行图了，执行图的作用就是标明事项的进度，对于孩子，要用生动形象的方式展现出来，一来能激发他们的兴趣，二来也能促使他们逐一按照计划进行，那么具体操作究竟是怎样的呢？

比如写作业：

列计划　做准备　做作业　再思考　收书包

该三角标志可移动

第6章 实践执行：引导孩子履行时间表

这样的形式跟上一章节中的事项清单很相近，最大的区别就是一个是"静态的"，一个是"动态的"，也就是说，家长们可以直接在列清单的时候，就做成这样的形式，也可以做一个静态的事项一览清单，再做一个"动态"的执行进度图表，这样做的好处是，能加深孩子对这一事项所有步骤的印象，从而在潜意识层面产生影响，提高执行时的效率。

除此之外，在执行的过程中，家长还要善用且教会孩子使用定时器，巧用定时器，感受倒计时的魅力。

定时器可以选择常规类型，也可以使用沙漏，选购定时器时一定要和孩子一起，并遵从他们的意见。

使用定时器的好处是，可以使时间更加"具象"，让孩子感受到时间，增强时间观念，另一方面，设置定时，会让孩子产生紧张感，一定程度的压力可以激发动力。

其次，在学习计划表列出的固定事项上，家长要做到定时、定点、定量，即时间点、地点要固定，数量分量要均衡，当然，定时不是说每天所有的事项都必须固定在一个时间点，这样未免太死板，比如吃饭、起床、睡觉、写作业，这些本就很固定的事项，从周一到周五最好都在一个时间范围内，最大浮动不要超过半小时；像练琴、书法、阅读等专项训练，时间点不必非常固定，但要形成规律，即以周为单位，形成固定模式，周一是几点，所有的周一都是几点，除非发生特殊情况进行调整，家长们在这期间最好不要打乱计划安排，带孩子出去购物放松什么的，这些事情最好安排在周六日去做。

当孩子开始定时、定点地做这些事情时，就会逐渐形成内在的"生物钟"，久而久之形成条件反射，到这时候，孩子的自我时间管理就基本成型了。

使用"特权卡",激发孩子内驱力

家长和孩子之间,我们提倡的是平和的沟通方式,尤其是在时间管理方面,家长一定要保持良好的心态,用友好的方式和孩子讨论交流,尽量避免吼叫发脾气。

但是,在实际操作的过程中,由于每个孩子的脾气秉性不同、不可预知的情况以及不可控的因素,不免出现矛盾、争执的情况,家长不可避免地会发脾气。另一方面,有的家长不会换位思考,可能会给孩子任意添加任务或者剥夺孩子本应娱乐放松的时间。不论如何,在执行学习计划的过程中,孩子之于家长,算是"弱势"的一方,如果不能保障孩子的权益,那么他们的积极性也会降低,因此可以用"特权卡"的方式,让孩子主动保护自己的权益,从而在一定程度上激发他们的内驱力。

什么是特权卡呢?

从外观上看,特权卡类扑克牌的形状,当然家长也可以制作其他形状,不过相对而言,扑克牌的形状似乎更有"威慑力"。特权卡,顾名思义,包含特殊的权利,服务对象是孩子,也就是说孩子的"特殊权利",主要包括"免吼卡""免唠叨卡""游戏卡""零花钱卡""游乐园卡""自由卡""负担减半卡""电影院卡""肯德基卡""心愿卡""亲子卡""购物卡"等。

第 6 章 实践执行：引导孩子履行时间表

这些卡片应该怎么使用呢？

免吼卡：当家长对孩子发脾气，冲着孩子吼叫时，孩子使用此卡，家长则要停止发脾气、责骂。

自由卡：当父母要求孩子做某件事情，孩子不情愿时，可出示此卡拒绝，父母不得再强求。

心愿卡：当孩子使用此卡时，父母需要满足孩子的愿望（当然必须是能够实现的）。

负担减半卡：孩子使用此卡时，父母要适当减少孩子的课外学习。

说到这里，或许会有很多家长产生疑问，孩子的特权这么多，我们还怎么管，一说就拿出来个卡片，那不无法无天了，还怎么让他进行时间管理？

别着急，上述只是这些卡片的作用，至于如何获取，如何使用，当然不能任由孩子决定，下面来介绍一种用法。

先把特权卡分为三类，第一类属于家庭特权卡，包括"免吼卡""免唠叨卡""亲子卡"等；第二种属于玩乐卡，包括"自由卡""电影院卡""肯德基卡""购物卡""负担减半卡"等；第三种属于高级愿望卡，包括"心愿卡""游乐园卡""零花钱卡"等。

在进行之前，要先跟孩子说明，购物卡最高金额是 10 元，即孩子想要 10 元及其以内的东西时，使用"购物卡"，父母买单；零花钱卡的最高金额为"50 元"，使用零花钱卡时，可以向父母要"50元"，存起来或者买东西都可以，如果买东西则要跟父母商量一下。

规定：第一类特权卡，每周孩子拥有的基数为2。也就是说，每周7天，孩子无条件拥有"免吼卡""免唠叨卡""亲子卡"中的两张，可以是相同的两张也可以是不同的两张，比方说有两张"免唠叨卡"，或者一张"免吼卡"一张"亲子卡"，具体要什么，孩子自己决定。

第二类特权卡，每周孩子拥有的基数为1。也就是说，每周7天，孩子无条件拥有"自由卡""电影院卡""肯德基卡""购物卡"其中的一张，至于具体哪一张还是由孩子自己决定。

第三类特权卡没有基础数量。

那么孩子没有的特权卡就没用了吗？当然不是，家长可以告诉孩子，不能直接获得特权卡，可以通过积分兑换，每张卡都设有相应的分值，比如第一类特权为10，第二类特权卡的兑换分值为20，带三类特权卡中，"零花钱卡"兑换分值为2分/元，"游乐园卡"兑换分值为30，"心愿卡"兑换分值为50。

这下，孩子可能会关心积分怎么获得？

家长们可以这么说：还记得记分卡、代金币、自律表以及蓝红心表格吗？积分就出自那里，记分卡1分就等于积分1分，同样的代金币1枚也等于积分1分，红心、笑脸一颗等于积分0.5分，蓝心、哭脸1颗就是减1分。意思就是只要你表现得好，就能够赢得积分，这就像游戏一样，获胜一局、闯过一关就能获得相应的奖励，输了就得扣分，而你每周每天需要完成的事项就是关卡。

至于具体的兑换分值、换算分值是多少，家长们可以根据发放的代金币、红心数量来规定，尽量别让孩子获取得那么容易，但更不能十分苛刻，否则孩子的积极性就会被消磨掉，把积分控制在合适的范围。

三种计分工具，可以不全用，根据实际情况用其中一种或者两种都可以。每周周末将分数换算汇整，让孩子自己决定存留还是兑换某个特权卡。

第6章 实践执行：引导孩子履行时间表

家长需要注意的是，出去游玩、看电影的特权卡，最好引导孩子在周末使用，避免打乱学习计划；在特权卡数量上，每周孩子拥有的特权卡不能超过5个，除去无条件拥有的3个，即孩子通过积分兑换的最多不能超过2个。当然不是故意让孩子表现不好，而是提醒父母好好讨论一下分值设定。再有，很多家长都有自己的工作，难免会出现与孩子特权卡的要求发生冲突的时候，比如孩子想去看电影，家长刚好没时间，这时候应该怎么办呢？首先，家长要先向孩子道歉，然后解释原因，最后尽量在短时间内兑现，如果家长总是不当回事儿，不兑现承诺，将失去孩子的信任，特权卡也会失去效用。

除了孩子的"特权卡"以外，父母也有对应的卡片，主要以"表扬鼓励"为主，比如"写作小明星""生活小能手""口语专家"等，当然也有"批评卡"，一是为了防止孩子发脾气，二是为了能让孩子意识到自己的错误。

父母在发放"奖励型卡片"时，有必要在卡片背后写上夸奖鼓励的话，比如"用词准确优美，苗苗真是一个写作小能手"。

上述卡片模板只是很多中的其中一些，列出来给家长作为参考。家长们没有必要完全照此进行，不过在实施之前一定要进行估算，尽量全面地考虑各种情况，尤其是分值设定，在这个基础之上尝试实施，并在"试运行"期间注意发现问题，不断改进。

设置记分卡，不要吝啬给予奖励

这一小节主要是介绍三种奖励方法，或者说计分方法、激励方式，也就是上节提到过的，记分卡、红蓝心表格和代金币。

打个不恰当的比方，在训练狗狗时，如果它的动作是对的，主人就会奖励一些好吃的食物，如此就会形成刺激，促使狗狗很快记住某个动作。

当然，孩子不是狗狗，但是"好吃的食物"是必不可少的，与"特权卡"不同的是，这是即时的，即如果你表现得好，马上就可以获得奖励。

不过，有很多家长可能会有这样的担心：记分卡也好，红蓝心也好，都没有实用性，孩子会吃这一套吗？

有这样的疑问无可厚非，但是这些激励方法的作用也是显而易见的。

"红对勾"也没有实用性，分数也没有实用性，游戏币也是虚拟的，为什么还有那么多人喜欢呢？精神上的刺激远比物质上的激励效果更强烈；另一方面，它们只是暂时没有实用性，但是兑换了"特权卡"后，不就有很大的实用性了吗？且孩子获得了实际益处，吃好、玩好、免于责骂后产生的良好感觉又会再次激励他用好的表现去获得这样的感觉，这可以看作一种双向激励。

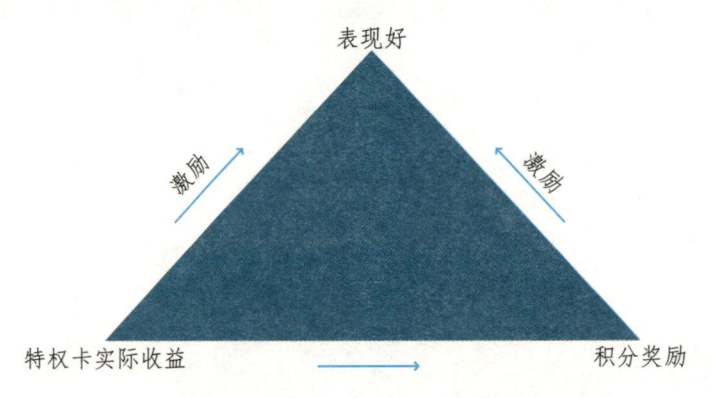

在这样的模式下，孩子的动力、积极性会被更大地调动起来。

第一种：记分卡

记分卡或者积分卡，顾名思义，是积累分数的卡片，不过，也不仅仅是写分数，也可以写一些正面积极的鼓励语，形式有以下几种，例如：

第一种记分卡就是在卡片上记上分数，孩子表现得好加分，这种卡片比较容易携带，建议家长带着孩子出门在外时可以备好，时刻对孩子的良好行为进行奖励，比如礼貌问好、帮助他人等，也可以用于没有固定情形的事项，比如帮父母倒垃圾、做家务等。当然，也可以用于固定事项，比如写作业快速又准确、英语流利表达等。

第二种奖励卡，这种奖励卡其实也就是上一节中父母使用的卡片，除了学习方面的称谓如"学习之星""写作能手"之外，也有"金牌助理""父母小帮手"等，所以也可以用于学习、生活的大多数事项，不过这种卡片不易携带，所以使用范围只能是家中。

这两种卡片应该使用哪一种呢？笔者建议将两种卡片配合使用，一方面能够使奖励方式更多样化，另一方面是因为这样可以不吝奖励又能牵制孩子获得的分数。

第二种：代币制

代币制是由美国心理学家斯金纳进行操作性条件反射实验时使用的一种方法，他认为一切行为、任何习惯几乎都是操作性强化的结果，均可以通过强化习得。

代币，字面意思即代替钱币，又称标记奖酬法，指的是用象征钱币、奖品等标志物作为奖励来强化某一良好行为的方法，当然这些标志物积累到一定程度是可以换取一定量的实质性奖励的。

标志物就是一种中介物，就像远古时代用来充当一般等价物的"贝壳"一样，在这种场景下是指用一种本不具备激励作用的事物为表征，将其与具备激励作用的事物（如，游乐场、看电影、礼物、玩具）联系在一起，使其具有相应的强化作用，用于行为改变、习惯培养的过程。

标志物的类型主要有：印章、环保币、各种形状的币类物体，如红星、心形、小动物、铜币、草莓券等。

注意：代币并不一定非得是金属制品，也不一定必须是圆形。在形式上做一些改变，对孩子会更有吸引力，可以制成小动物形状、水果形状、卡通人物形状，最好根据孩子的喜好来确定代币的样式。

代币怎么获取呢？其实家长可以和孩子进行手工制作，用硬质纸或其他材料都可以，也可以使用专门的儿童代币，甚至可以用样式丰富的纽扣、小玩具代替。

专门的儿童代币，基本上都印有分值，也可以进行定制，在选择时建议家长定制分值较小的，同样是为了配合之后的礼物兑换。

第三种：儿童自律表

这是一种比较详细的标记孩子行为的表格，对于孩子养成良好的习惯有着十分重要的作用，这种表格可以自制，可重复使用。使用时，将希望孩子产生的良好行为习惯贴在表格最上方，若孩子发生这样的行为时，贴笑脸，发生相反的行为时则贴哭脸。

第四种：红蓝心表格

红蓝心表格即根据每天的事项安排，制作一份所有事项汇总再分类的表格，根据孩子的表现在相应事项后面标上红心或者蓝心，和自律表作用相似，可二选一。

第 6 章　实践执行：引导孩子履行时间表

说明：

行为模块	实际情况	红蓝心数量
作息情况	晚上准时上床睡觉不拖拉	💙💙
	早起一直赖床使小性子	🖤
学校表现情况	上课积极回答问题	💙
	课堂上和同桌说话	🖤
写作业情况	写作业拖拉	🖤
	正确率高，字迹工整	💙💙💙
专项练习情况	专心弹琴	💙
	阅读英语心不在焉	🖤
吃饭出门情况	吃饭挑食	🖤🖤
	按时吃完，遵守餐桌礼仪	💙💙💙💙
累计		红心11颗，蓝心6颗

不管是红心还是蓝心，在标注时都要将对应的事项写清楚，不能用"表现好""表现不好"的句子笼统概括。

红蓝心标准要和孩子商量制定，得不到孩子的认可，无论怎么做都不会有好的效果。

红蓝心表格每天一小结，每周一大结，将红蓝心数量转换成对应的积分。

一开始使用红蓝心表格时，建议家长先选择 1～2 个模块进行，比如作息情况和写作业情况，否则强度太大，孩子可能不适应，凡事都要循序渐进。

有些模块可以把对家长的"考核"也加进去，比如上文提到的吃饭，以及下文会提到的使用手机规范，可全员参与绘制一个新的表单，然后再将孩子的部分誊写到专属于孩子的表单上，父母获得的红心可以自己使用，也可以送给孩子，蓝心则有相应的惩罚，这样更能激发孩子的积极性。

礼物兑换

对于家长来说，这些计分方式的设定是为了激励孩子更好地遵循时间表，规范自己的行为，培养良好的习惯，但对于孩子来说，他们更喜欢的是这些东西背后的实际"收益"，通过这些他们可以争取更多玩耍、游戏的时间，也可以获得物质（游戏机、玩具）上的满足，所以礼物兑换可以说是他们最关心的方面。

首先，上一节我们已经提到过一种兑换方式，即特权卡。特权卡的好处就是可以延期使用，孩子会感觉自己拥有了主动权，拿着特权卡就会安全感倍增，特权卡极大程度上削弱了家长的"权利"，这一点对孩子的激励作用是比较大的，甚至会超过礼物本身。

除此之外，家长也可以直接给出礼物类型和对应的兑换分值，毕竟制作特权卡需要耗费更多时间，即使能够从网上购买，包含内容也会不齐全，所以直接给出礼物清单，孩子喜欢什么就可以立刻兑换，不用等到周末计分总结，也有很强的刺激性。

第6章 实践执行：引导孩子履行时间表

	礼 物 清 单		
序号	礼物类型	积分数值	备注
1	故事书	15	
2	贴画	15	
3	20分钟游戏时间	40	
4	30分钟电视时间	50	
5	小玩具（小芭比娃娃、小变形金刚）	30	
6	下馆子	60	
7	去手工店体验	60	
8	去博物馆	50	
9	去动物园	80	
10	参加夏令营	300	
11	去迪士尼	500	
	……		

说明：上述清单仅供参考，具体礼物类型要根据家庭实际经济状况和孩子的喜好确定。

至于积分和礼物、积分和特权卡之间的兑换关系，家长要在自己制定的基础之上征求孩子的意见，比如游戏时间家长希望使用更多的积分来兑换，而孩子则希望用更少的积分，针对于此，家长不要直接拒绝，双方在纸上写下心目中的数量，然后家长可以在孩子提出的积分数上，进行商讨。

礼物清单上的礼物不宜过多，最多8项，且尽量和特权卡不要重复，还应该不定期更换调整，注意切合孩子的心意。

番茄闹钟，专注于每一个"25分钟"

番茄闹钟是什么呢？

"番茄闹钟"的原型叫作"番茄工作法"或"番茄学习法"，是由弗朗西斯科·西里洛于1992年创立的一种简单易行的时间管理方法。

弗朗西斯科西里洛为什么会创造这样一种方法呢？据说，他在刚进入大学时，学习状态非常不好，常常学不进去，作业写不出来，考试成绩也不理想，为此他十分苦恼，一心想要改变这种低效率的困境。后来，他开始使用计时器掐点来帮助自己提高专注力，但效果并不是很理想。一次偶然的机会，他在厨房发现了一个计时器，外形类似番茄，跟普通的计时器有些不同，他将其命名为番茄钟，随后于1992年创立了番茄工作法。

番茄工作法的核心就是在一段时间内高度集中精力完成工作，排除一切干扰，并保证适当的休息。简单来说，就是将每天要做的事情列出来，从第一件事情开始，设置番茄闹钟，每工作25分钟，休息5分钟，每隔4个"25分钟"休息30分钟～1小时。

第6章 实践执行：引导孩子履行时间表

随着番茄工作法的推广，很多人都开始用此方法进行时间管理，"番茄工作法"适用的范围越来越广泛，使用者将其亲切地称为"番茄钟"。"番茄钟"为什么如此受到人们的青睐呢？是因为它的确行之有效，不管是对成人还是儿童，所以在儿童时间管理中，家长也可以引入"番茄钟"。

我们可以用一句话来描述番茄钟，那就是"25分钟专心做一件事"，可别小瞧了这个闹钟，它真的能让孩子更加专注、不乱跑乱动、认真思考，仿佛有魔力一般。那么，具体该如何使用呢？

第一步，当然是选购"番茄钟"。家长和孩子一起去店里或者网上一起挑选。

其实，"番茄钟"在不断发展的过程中，样式也开始多样化，不仅仅有番茄形状，还有草莓钟、苹果种等，按照孩子的喜好挑选即可。

第二步，是使用前的准备。使用"番茄钟"的目的是提高专注力，提高效率，想要达到这一目的，就必须严格按照设定的时间来，即一旦启动，在接下来的一段时间内是不可以离开座位的，因此在使用之前尽量将外界的干扰降到最低。

在使用番茄钟时要选择一个舒适的环境，灯光不能太暗也不能刺眼，温度适宜，避免噪音等。其实，不管有没有番茄钟，给孩子营造一个良好的学习环境都是必需的，即环境的力量不容忽视。

学习的桌面要保持整洁，桌面上不要有太多东西，尤其是容易分散孩子注意力的，带有卡通图案的物品、小玩具等都要放在别的地方。

使用之前要提醒、询问孩子是否喝水、小便；列好作业清单，让孩子将所有的作业列出来，并排好顺序；整理好课本和文具，让孩子根据作业清单将要使用的文具、作业本、课本都拿出来摆好。

不管是写作业还是其他事项，将任务清单写下来这一步非常重要，写下来意味着一种承诺，能有效对抗分心；任务表述一定要详尽，不要只写"语文作业"，而应该是"语文第三单元学习园地——词语"；一个番茄钟内最多安排3个任务，当然要根据任务强度确定。

第三步，设定时长。一般来说，一个番茄闹钟是 25 分钟，但是有的孩子刚开始可能不适应，坚持不了这么长时间，家长也不必强硬要求，适当降低时长也是可行的。

例如，刚开始可以设定为 12 分钟休息 5 分钟，然后再慢慢增加，关于这个时长的设定有一个小窍门，就是设定为孩子年龄的 2 倍，假设一个 5 岁的孩子刚开始接触番茄闹钟，就可以设定为 10 分钟，以此类推。

第四步，启动进入番茄时间。一般来说，使用番茄钟的孩子反响都不错，即便没有高度专注，也比不使用时注意力集中得多。

进入番茄时间后，要注意以下几点：

一个番茄钟（25 分钟）是一个整体，不可分割，如果在中间被打断，就要作废重新开始；

当一个事项占用不了一个番茄钟时，应该立刻开始下一项任务，中间不做停留；

当某一事项即将完成，这时候番茄钟时间到了，应当先完成事项再休息；

遇到难题，最多思考 5 分钟，如果没有思路，先放弃，转做其他作业。

第五步，休息和总结。一个番茄钟过后，是 5 分钟的休息时间，这时候孩子如果没有精力，家长可以总结一下，从中发现问题，在后续实施的过程中，逐渐让孩子自己总结和改正。

在孩子使用番茄钟的初级阶段，最好只用于和学习有关的场景，诸如吃饭、起床洗漱等场合尽量不要使用，这些日常生活的事项可以使用普通计时器或者沙漏。

如果使用效果不错，家长可以多准备几个不同的番茄钟，用于孩子不同的学习任务，且根据任务类型给番茄钟命名，比如画画米老鼠钟、阅读橘子钟、复习苹果钟、默写香蕉钟等。

关于闹钟的时长，要从开始的短时长逐渐增加并固定下来，固定时长最低不得低于20分钟，但不建议高于25分钟，因为这个学习时长和休息5分钟是配套的。

如果孩子对番茄钟兴致不高怎么办，父母也不必着急，更不要强行使用，家长们可以自己先行体验，将家里营造出番茄钟的使用氛围，孩子看得多了自然会受到感染；父母还可以利用番茄闹钟和孩子开展比赛，提高孩子的兴致。

在列番茄钟任务清单时，可以制作番茄清单卡，让孩子更有参与感，比如：

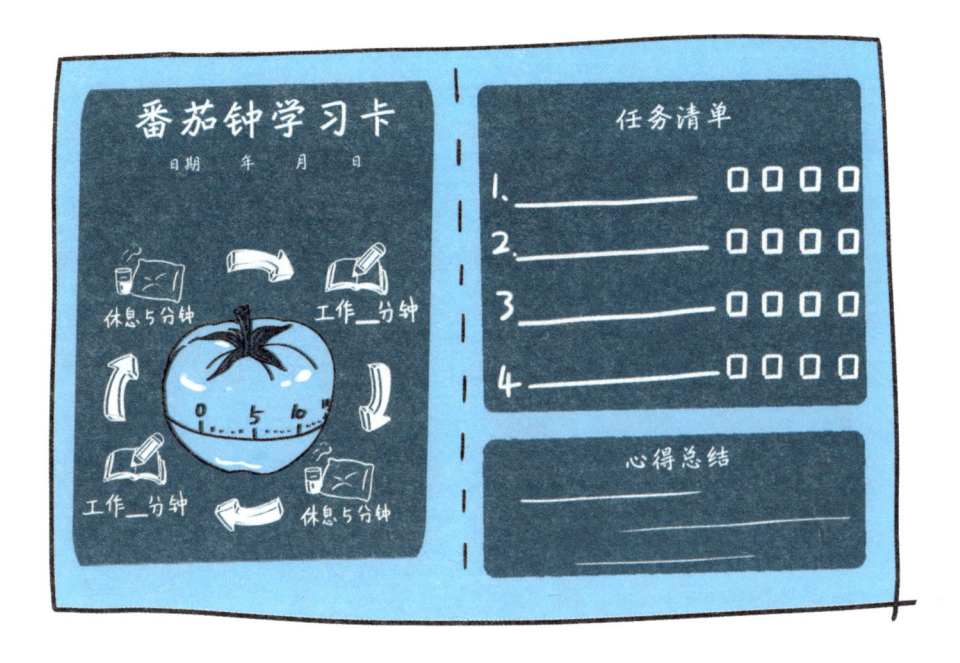

番茄钟的确是一种既简单又有效果的时间管理方法，原因就在于它使得时间有了名字，有了界限，变得可视化，孩子们的时间观念就会增强，在潜意识里将自己的注意力都集中起来去做面前的事情。

让孩子感受到，在这25分钟里，他正在做的事情就是全世界最重要的事情。

建立"规则",减少"耍赖"行为

在家庭教育中,往往会出现两种极端情况,有的父母认为爱就是给予孩子绝对的自由,不去干涉他们,而有的家长则信奉"棍棒出状元"的原则,对孩子管束异常严格。这意味着,在很多家长心中,"管束"或者"规矩"与"爱"是对立的,不能共存的。实际上,恰恰相反,爱和规矩是一体的,孩子也只有在这两者共同作用下才能健康快乐地成长,一味地放纵溺爱会适得其反,一味地管束打骂更会过犹不及。

那么究竟该如何立规矩呢?如何才能让孩子遵守规矩?这也是不少家长苦恼的问题:我确实给孩子制定了一些规矩、时间表,但孩子总是耍赖不遵守,这些规矩根本就是摆设。

孩子为什么会习惯于耍赖不遵守规矩,原因有以下几种:

第一种也是最常见的一种,因耍赖尝到过甜头。

比如,时间表上明确规定"看半个小时电视",结果半小时后,孩子还没尽兴,家长把电视关了,于是孩子哭闹、撒娇,家长一心软就同意"再看十分钟",很快十分钟又过去了,孩子故技重施,家长毫无办法只能妥协。孩子从这件事情上尝到了甜头,进而就会将这种方法用到其他事情上,变得越来越不守规矩,越来越肆无忌惮地耍赖。

第二种,是个别孩子存在的严重问题,尤其是男孩,即顽童心理在作祟。

他就爱跟大人对着干,家长不让做什么,偏偏要做,还觉得很好玩。想必,家长们对孩子这样的行为并不陌生,比如,一个孩子在吃饭时总是敲碗,家长三番五次地说,他反而敲得越厉害,为什么?他本来觉得敲碗并不是很有趣,但是家长一呵斥，他倒觉得更好玩了：妈妈生气的样子好玩，跟家长作对的感觉很爽。有的孩子这样做还可能是因为想引起大人们的注意。

第三种，"我为什么要遵守"，家长没有跟孩子沟通好，孩子不知道遵守规矩有什么用，换言之，能够给自己带来什么好处。

第四种，孩子不是不想遵守，而是理解不清，表达能力有限。比如，家长对孩子说，"过一会儿就去写作业"，"一会儿"这个概念对孩子而言太笼统了，他不知道一会儿到底是多久，或者说，家长没有给出具体时间，他就趁机拖延，直到父母来催促。随着年龄的增大，孩子的理解能力会有所加强，但同时也会拥有自己的想法，但在自我管理方面尚且能力不足，对父母的要求有意见时，可能会出现不敢说、不会说的情况，最好只好以"不作为""反抗"作为自己的另类表达。

针对上述原因，我们可以总结出制定规则、执行规则过程中的关键点：

其一，不要直接说不要、不能，而是让孩子意识到不守规矩的严重后果，并让他自己承担。

有这样一个小故事：

一个男孩问他的妈妈："妈妈，如果我把卧室扔满纸，你还会爱我吗？"
妈妈回答："当然会，但是你要将卧室打扫干净。"
男孩又问："如果我把别的小朋友打哭了，你还会爱我吗？"
妈妈又回答："当然会，但是你要亲自去道歉。"

这位妈妈其实就是在告诉孩子，你要为自己的越矩行为负责，父母的爱不是无节制的。

所以如果孩子在某些事情上耍赖，家长们也可以试试这样做，比如孩子说"我不想写作业了"，家长可以告诉他，妈妈不会逼你写，但明天你要自己应付老师的检查。

其二，告诉孩子他为什么需要这么做，父母不要"专权"。

别以为孩子小，什么都不知道，你就可以用"都听我的，没有为什么，我说了算"这样的话来解释孩子为什么要遵守规则，这样只会激起孩子的反抗意识。最直接的方式，就是让他看到自己可以获得什么样的好处，包括精神方面和物质方面的，就是上面章节提到的礼物奖励、游乐奖励、美食奖励以及称赞、夸奖等精神奖励。除此之外，还可以告诉他这样做的意义，比如孩子随地吐痰，家长可以告诉他吐痰对环境和他人的危害。

其三，将规则明确化，尤其是有关时间方面的，越详尽越好。

千万不要再用"一会儿""差不多"这样模糊的字眼来给孩子定规矩，他们的理解能力没那么强，另一方面，详细的时间表示会让孩子对时间更为敏感，甚至不用刻意培养，在长期的过程中他们会自觉养成正确的时间观念。

其四，不心软，不娇惯。

心软是家长最容易犯的毛病，心疼孩子本没有错，但是在执行规则上，只要一心软妥协，所有的努力都会白费，因此家长一定要坚定一些，即使孩子撒娇哭闹也不能妥协，不过可以用"迂回"战术制止孩子的耍赖行为。比如孩子哭着闹着不练钢琴，这种情况下，在确认了孩子身体、原本情绪方面没有问题后，家长可以先把他"晾"一会儿。大多孩子都是家长越关注闹得越凶，没人搭理反倒很快就能冷静下来，待孩子冷静下来后，父母就应该告诉他："宝贝练完了钢琴，妈妈给你一个神秘礼物好不好？"但千万不要直接无条件给孩子礼物，可以与积分、礼物兑换联系在一起，比如礼物本来需要100积分才能兑换，家长可以向孩子要80积分，孩子拥有的积分不够，则可以暂时"记账"等，总之一定要让孩子获得安慰的同时也得付出"代价"。

其五，有的规矩不能只孩子一个人遵守，家长却"我行我素"，严禁"双重标准"。

规矩一旦制定好，就要统一按标准执行。比如，规定不能随手扔垃圾，在家里如此，出门在外也要做到。再比如，有的父母让孩子按时写作业，自己却十分懒散，看电视玩手机，影响孩子学习不说，更会让孩子感到不服气。

其六，有错误及时惩罚，就事论事，不要翻旧账，给孩子贴标签。

很多家长还有一个毛病，就是爱翻旧账，比如某天孩子犯了点错误，家长就开始数落，数落完这一件事，又想起上次怎么怎么，接着能把几个月前的事情都给扒出来，这对孩子的打击是极大的，建议存在这个问题的家长一定要改正，孩子犯了错误即使惩罚，惩罚过了就翻篇，以后也不要再随便提起，更不能因为一时犯了错就给孩子贴上消极的标签。

什么是贴标签？即将某人或某物归为某一类行为，比如好孩子、乖孩子、不听话的孩子、调皮捣蛋的孩子、不爱说话的孩子、磨蹭拖拉的孩子等，这些都是将孩子标签化的说法。从自我概念形成和发展的过程来看，儿童时期会很大程度上受到外界影响，尤其是身边人的评价。如果父母和老师总是给孩子贴消极的标签，诸如磨蹭、缺乏专注力、爱玩好动等词语，孩子就会在无形中按照这些词语来展现自我，例如，当你一直用调皮捣蛋来标记一个活泼好动的孩子时，他就越来越调皮。

所以，家长对孩子的评价尤为重要，消极的标签会压制孩子积极的一面，积极的标签能够促使孩子的潜力得以发挥。这和哈佛心理学教授泰勒"积极的环境能使人产生积极改变"的言论如出一辙，当孩子处于积极的环境中（鼓励、称赞），他也会把注意力放在自己的优势上，并且乐于努力进取，在不知不觉中变得更优秀。

在孩子成长的过程中，在时间表执行的过程中，建立规则都是必要的，明确以上几点，能够在极大程度上减少孩子的"耍赖"行为，也能够使孩子更加快乐地面对学习。

时间表做不到，不要直接惩罚

家长们在施行时间表的过程中，很有可能遇到孩子无法按照上面的事项逐一完成的情况。

至于原因，其实可以分为两方面：一是孩子故意做不完，无论是因为报复父母还是不想做，总之他能做到却故意不做；二是孩子很努力很认真想去完成，可就是做不到。这两点之下的深层原因有：父母管得太多太严、孩子对很多事情没兴趣、任务太多、效率太低。但不论哪种原因导致孩子做不到，家长也不能直接惩罚，找出根本原因，才是解决问题的方法。

实际上，从制定计划开始，家长多思考、勤反思，再配合各种执行方法，就能有效防止这样的情况发生。

首先，关于计划制定，家长需要注意以下几点：

一是换位思考，站在孩子的角度考虑问题，给他们充足的时间，适当满足其"爱玩"的天性。和孩子共同制定各种计划、清单，制定的过程中多参考孩子的意见，调动孩子的积极性，通过交流和引导，让孩子以积极、乐观的心态面对，只有孩子认可计划制定，才会使执行阶段更顺利。

具体实施时，先让孩子把他自己想做的事情列出来，再添加父母的想法，最后通过讨论留下可实施的内容，最后规定具体时间，督促和鼓励孩子执行。

二是在讨论的过程中，一定要孩子将事项或者计划写出来（当然不一定非得是上图表格的形式）例如：

思维导图形式：

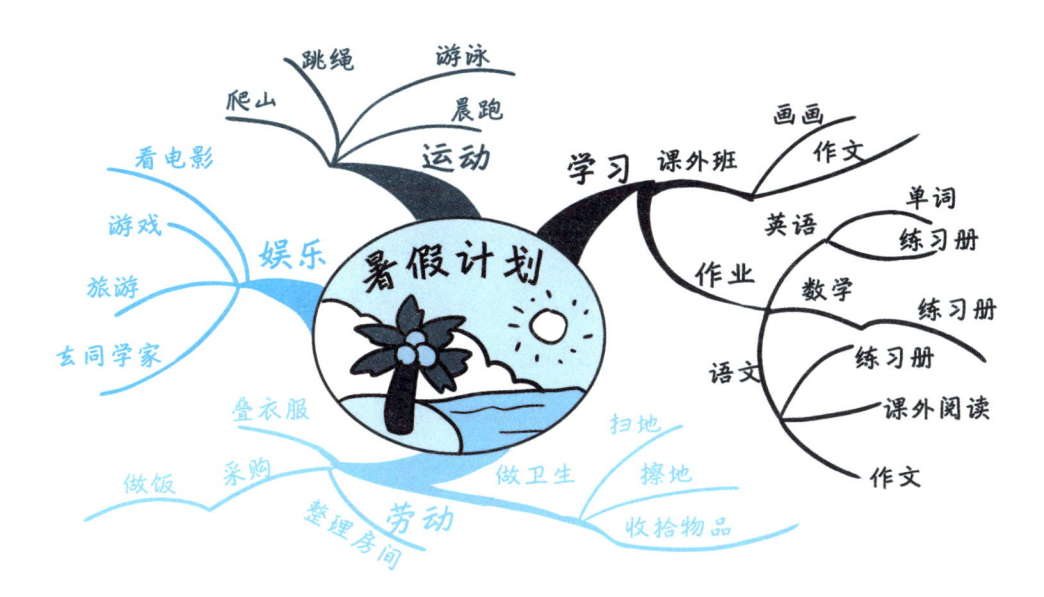

强调一点，思维导图可以用于很多事项，比如复习、单元总结、知识点理解、整理房间、周末计划、假期计划等等一系列都可以运用，有助于锻炼孩子的思维方式。

图画形式：

这三者的比例应该是1:1:1，即在保证充分休息的基础上，孩子的自主时间、学习时间、特长训练时间，应该是大致均等的，否则计划就有可能是不合理的。

最后根据孩子的意愿和家长的想法汇总形成时间表格，但孩子在具体做某个事项时，可以让他自己再重新整理一遍思路，将顺序写下来。

其次，效率问题，如何提高孩子的效率是关键。

孩子效率低，一般是由什么导致的呢？这需要具体情况具体分析，比如有的孩子写字慢、做什么都慢；有的孩子做题正确率太低；有的孩子容易分心等。

家长最好专门带孩子进行专项训练，比如，写字慢就勤练字，穿衣服慢就经常比赛起床，正确率低就多做类似的题型……

若孩子无法完成时间表，家长不能狠狠责罚，也不能用负面的词语，否则会让孩子产生"我都这么努力了，爸爸妈妈还是骂我"的想法，有可能导致孩子自卑，或者干脆放弃。

针对孩子故意不完成时间表，一定的责罚是要有的，但要把握尺度，责罚孩子之后父母也要进行反思，是不是太苛刻了，是不是没有激励制度，如果有，那就想想是不是不太合理；对孩子的态度是不是有问题；礼物清单上的礼物孩子是不是不喜欢；任务列表中是不是学习的内容太多了，孩子感兴趣的太少了……

虽然我们在"建立规则"一章强调了责罚要及时，但这并不意味着责罚的力度要很大。及时责罚的原因是因为孩子的记忆是很短暂的，如果不及时让他承担后果，那么他很快就会忘得一干二净。所以及时责罚是必须的，但不能过狠，否则不仅不会让孩子记住教训，还有可能适得其反。

其次，应当选择合适的责罚方式，并不是所有的孩子都适用于同一种责罚方式。

第6章　实践执行：引导孩子履行时间表

案例导读

轩轩很喜欢小动物，后来在她的请求下，妈妈同意她养了一只小花猫，轩轩很是高兴，只要一放学就跟小花猫形影不离的。有一天。轩轩只顾着跟猫玩，没有完成作业，妈妈回来后有些生气，把轩轩叫到跟前，数落了好一阵，可是轩轩一直心不在焉的，看似在听着妈妈的批评，其实左耳朵进右耳朵出。妈妈见如此状况，便停止了批评，说道："今天小猫在我的卧室睡觉，再加上明天一天，这期间你不能碰它，这是对你的责罚，以后再有这样的情况发生，也是如此。"

轩轩一听，小脸马上皱成了一团，刚要哭，妈妈说："还不去写作业，那就再加一天。"轩轩马上乖乖写作业去了。

所以，责罚并不意味着要使劲打、使劲骂，而是要找到一个能够让孩子产生深刻记忆的方式，当然也要把握好尺度。还是上述例子，如果轩轩妈妈直接说，作为责罚，这个小猫马上送给别人，轩轩还会乖乖去写作业吗？肯定是跟妈妈大闹一场，最终要么是妈妈妥协，要么是轩轩对妈妈产生隔阂，总之会导致更加严重的后果。

责罚的方式和力度很重要，家长们要注意这一点，不适合的方式不会有好的效果，力度过大会激起孩子的强烈反抗，而这都不是我们的目的。

第 7 章 习惯问题：

改变孩子浪费时间的行为习惯

众所周知，儿童时期是培养各种习惯的黄金时期，上面章节中提到的各种清单和执行方法的使用，最根本的作用就是帮助孩子养成好习惯、培养规律的行为。当然，家长们无需使用所有的清单，要根据孩子的实际情况进行选择，我们总结了一般情况下不同年龄层应侧重使用的清单：

5～7岁的孩子（学龄前儿童）

主要是培养其生活自理能力和规律作息，所以主要执行的清单为吃饭清单，作息清单，整理房间、玩具清单等，当然与学习相关的清单也可以制定，但是对于这一年龄段的孩子来说，他们的学习尚未系统化，主要从玩到学习过渡，家庭作业并不多，且很多时候并不是单纯的书面作业，比如做一个手工模型、给妈妈唱学习的新歌等，因此学习类清单并不是重点，不过英文学习从这时就要重视起来。

7～10岁小学生（学龄期儿童）

此时的孩子已经步入小学，学习任务日渐繁重，作业也更多，这一阶段，主要执行放学后清单，作业清单，独自整理房间、书包，适当做些家务，如洗碗、择菜、拖地等。10岁左右的孩子在实施清单的基础上可以系统地执行周计划、月计划、假期计划或者直接进行这些长期计划的执行。

通过清单的规范化，孩子可以在培养好习惯的最佳时期最大程度地养成良好的习惯。然而，这并不是一个绝对的优势，儿童时期是好习惯的黄金培养期，同时也为坏习惯的养成亮起了绿灯。

很多孩子身上都有各种各样的坏习惯，并逐渐根深蒂固，研究表明，儿童时期形成的习惯很有可能影响终身，所以对于坏习惯，家长必须重视起来，帮助孩子有意识地改变。

坏习惯有很多，比如个人卫生方面，随地吐痰、乱扔垃圾、不爱干净、咬手指等；学习方面，边学习边看电视、不独立思考常抄答案、写作业马虎不认真等；日常生活方面，不叠被子、不按时吃饭、作息不规律、挑食、沉迷手机电视等；个人发展方面，总是什么都不说、做事情注意不集中、表达含糊不清、常发脾气……

这些坏习惯，每个孩子身上都或多或少地存在，这是正常现象，家长不必过于担心，但一定要重视起来，重要的是如何帮助孩子逐渐扭转、改变坏习惯，逐渐向好习惯靠拢。

这一章将从这些坏习惯中挑出几个典型，深入分析，找到改正的一般方法，供家长们参考。

上瘾：手机、电脑、游戏控

随着时代的发展，各种电子产品的普及和智能化的提高，新一代儿童中出现了一种新型的不良习惯，那就是抱着手机电脑不放手，并且产生这种行为的儿童逐渐呈现低龄化趋势。比如，一个六七岁的孩子沉迷于拍短视频、刷小视频；一个三岁大的孩子就能熟练玩 iPad 上的简单游戏，并且乐此不疲；一群小学生围在一起激动不已地打"王者荣耀"……

其实在这些坏习惯的背后，家长们更应该关注的是孩子发育成长的问题。美国加利福尼亚州的一家健康机构曾做过一个关于"手机对儿童影响"的实验：挑选出 10 个身体各方面条件都相差不大的孩子分别进入两个房间，要求一个房间的孩子们看书阅读，而另一个房间的孩子们玩智能手机，同样的时间过后，让他们开始睡觉，第一个房间的孩子平均在 28 分钟内入睡，第二个房间的孩子则平均在 39 分钟内入睡。

调查结果表明，过于明亮的画面会影响人体内褪黑激素的分泌量，使其极大程度降低。手机光线对孩子的睡眠影响极大，远超过日常灯光，若长期处于这种情况，极容易导致睡眠障碍。此外，对智能手机产生依赖且玩得熟练的孩子，对肢体运动的态度更消极，长此以往，孩子会出现运动功能低下、身体发育迟缓等状况，对身高、肢体都有影响，尤其是手指和脊椎，总是保持玩手机的姿势，会影响手指灵活性，引起脊椎变形、脊椎侧弯等综合征……

当然，很多家长也意识到了这些严重的问题，但往往会认为改变坏习惯的根本在于思维方面，于是就会跟孩子讲道理，希望对其灌输正确的观念，但是又会出现一种现象，家长苦口婆心说再多，孩子都权当耳旁风，该怎么样还是怎么样……

按理说，家长的这种想法没有错，一个人只有真正从思想上觉悟才会产生行为上的改变，但这也是有条件的。

简单来说，当你对一件东西无比着迷时，一个人走过来义正词严地告诉你，这个东西不好，它会使你视力下降、智商下降，还把你带到歪门邪道上，你会听他的吗？

显然是不会的，你反而会觉得这个人怎么这么讨厌，我喜欢什么他就偏说什么不好？退一万步讲，就算你觉得他说得有道理，会选择听他的，立刻抛弃这个令自己无比着迷的东西吗？显然也是不会的，你心里想的肯定是，他爱怎么说就怎么说，他的想法又不代表我，我觉得好就是好。这不是主观推测，而是一个人深度喜欢上一件东西时的普遍表现。

孩子也是如此，当他对手机、游戏十分着迷时，说教的家长充当的就是那个"讨厌鬼"的角色。

所以，"先从思维上转变"的方式一开始就是错的，那么应该怎么去做呢？

首先家长要先意识到手机不是孩子的玩具，不要把"玩手机"作为哄孩子的方法。

生活中，我们都能看到这样的场景，孩子哭闹不睡觉，妈妈就会把手机放到孩子面前，逗他开心；家里两个孩子闹矛盾了，家长也会甩出去手机调解矛盾"给你手机玩，别打架了"。丰富多彩的内容和有趣好玩的游戏的确能瞬间吸引孩子的注意力，使他们暂时停止哭闹，但是更容易使他们上瘾，时间一长，他们就会沉迷于玩手机，家长怎么说都不管用。

所以，当孩子对手机尚且沉迷不深时，家长尽可能不要在他面前玩手机，更不要甩给他，要有意识地将手机从他的视线中远离，事实证明，最原始的方法也是最有效的，将孩子与手机拉开物理距离的确比说教更管用。

多转移孩子的注意力，比如在空闲时间里，多和孩子进行亲子活动，很多孩

第 7 章 习惯问题：改变孩子浪费时间的行为习惯

子玩手机的根本原因就是父母的陪伴不到位，家长应当尽量多和孩子相处，不仅仅是共处一室，而是要放下手机，有感情地互动交流。

比如，组织分角色阅读，家长可以和孩子一起进行，也可以邀请孩子的小伙伴一起举办这样一场阅读大会。

比如，一起运功，把运动生活化，设置比赛、游戏等。

比如，带孩子郊游、和别的小朋友聚会等。

不要采用粗鲁的方式，比如吼叫责骂孩子、摔手机、动不动没收手机等，过激行为很难达到目的，甚至会适得其反。

2018 年 11 月 25 日，宁波一男孩玩手机被父亲责骂，挥刀自残；2018 年 11 月 26 日一 10 岁男孩因姑姑不让玩手机，转身从六楼跳下……

近年来这样的新闻数不胜数，可见智能手机已经严重影响了孩子们的思想和意识，甚至控制着他们的行为，而父母可能并未十分在意，因而采取了不当的管教方式。对于这种情况下的孩子，一定不要采用强硬的方式和态度，要顺着他们的意愿，在此基础上变通。实际上，对手机已经痴迷到这种地步的孩子，任何方式都可能没有效果，而家长更应该反思，为什么对孩子关注这么少，孩子对手机沉迷到这种程度还没有重视起来。这也表明，对孩子、手机、电脑、游戏之间的关系越早处理越好，不要等到后果严重时才追悔莫及。

相比于责骂制止，可以采用商量约定的方式，在孩子玩手机之前制定一份"手机使用规范"，比如：

手机（电脑）使用规范（家庭版）

类型	具体行为	奖惩	备注
全家共同遵守	吃饭时不允许玩手机	违规三次，禁玩手机一天；遵守规则可得红心，违规得蓝心，按次计算	爸爸违规1次，得蓝心两颗
	睡前半小时不准玩手机		
	周末玩手机不得超过2小时，连续玩手机不能超过30分钟		
孩子（名字）遵守	不能将手机带去学校		
	出门找小伙伴尽量不带手机		
	……		
家长遵守	和孩子聊天、辅导功课时不能看手机		
	进行亲子活动时尽量不玩手机不谈工作		
	……		

备注：仅作为参考，具体请按照实际情况制定。

约定的好处是可以让孩子提前有心理准备，不会产生强烈的抵触。当然这些规范最好和孩子商量着制定，得到孩子的认可，实行时才会更顺利，另一方面一定不能只把对孩子的要求写上，父母的要求更应该清楚地表现出来，否则孩子会说"凭什么让我这么做，你们不做？"如果父母直接回"我们是大人，你是小孩，大人说什么小孩就得听"，孩子肯定会跟你们斗争到底，什么规范都会失去效力。

想要孩子遵守，就必须让他心服口服，这是大前提。

除此之外，还可以结合上一章节中各种计分工具，尤其是"特权卡"的使用，比如"游戏卡""手机卡"，给予孩子一定的主动权。

当下，孩子对电子产品尤其智能手机上瘾是普遍现象，父母要采取相应方法使其逐渐转变而不是直接呵斥，总结来看主要是以下三个步骤，即拉开孩子与手机的物理距离，尽量使手机出现在他们视野的频率降低；在这个基础上，开展各种活动转移孩子的注意力；然后再使用"守则"加以规范，与孩子约定好玩手机的时间，最后长期实行。如此，相信会产生效果，当然家长们也要根据具体情况调整改动，或添加更有效的方法。

拖延：只动嘴，不动腿

拖延其实是这个时代的社会通病，大人有，孩子也不例外。

有拖延症的孩子，往往会呈现出什么样的状态呢？

放学后，妈妈告诉彤彤可以玩 15 分钟，然后必须开始写作业，彤彤很乖巧地答应了妈妈。

很快，15 分钟过去了，妈妈进卧室看了一眼，彤彤还在摆弄她的小娃娃，妈妈告诉她时间到了，该去写作业了，彤彤很积极地回应妈妈："好，知道了，我收拾一下桌子马上开始写。"

5 分钟后，妈妈又到彤彤房间去查看，发现彤彤根本没有动，还在聚精会神地玩。

上述情景中的彤彤就属于典型的只动嘴不动腿，嘴上能说得头头是道，但就是没有行动。

产生这样行为的孩子一般想法都是这样的："反正还有这么长时间，肯定够用，再玩一会儿。"过了一会儿，他就又会开始催眠自己："这个动画片快演完了，看完也不迟。"动画片演完之后，时间已经很晚了，他又会产生这样的想法："反正也写不完了，干脆放弃吧"或者"明天早上上课前不还有一段时间吗，我早一点起来能来得及"……

如此在盲目乐观和认识不清的情况下一拖再拖，直至事情到达无法补救的地步。乐观是好事，但是盲目麻醉自己就是问题了。在这样的情况下，家长们的催

第 7 章 习惯问题：改变孩子浪费时间的行为习惯

促是有一定效果的，但是一而再再而三地总是这样，家长们也会力不从心，换言之，家长不可能时时刻刻都盯着孩子，因此，如何让孩子改掉"拖延"，自觉做那些该做的事情，成了很多家长共同的心愿。

事实上，拖延和磨蹭是一回事儿，本书第二章中已经对磨蹭的一些表现及其对应的心理进行了分析和总结，也提出了相关应对方法。不过，第二章中做具体分析的行为，都是有具体原因的，比如害怕、为了报复、吸引注意力等，刻意的程度更大，可能到某个特定的情境下才会发生，而上述彤彤的磨蹭已经完全成了习惯，在任何事情上都会产生这种磨蹭的情况，这就是因为孩子刚开始在某件事情上磨蹭时，家长们并未在意，或者没有找到原因，导致孩子逐渐从拖延中获得安逸的快感，进而养成了习惯。

当磨蹭拖延已经成型，家长们如何帮助孩子扭转呢？

所以很多家长在孩子拖延的问题上采取的都是口头"激励"的方式，"快点写作业吧，马上该睡觉了""不完成作业，看老师明天检查你怎么办""快点写完作业，明天带你去游乐场"等诸如此类的话，不可否认，最初阶段，家长的确能够通过这样的形式使孩子在采取行动之前就产生一定的动力，但是时间一长就会失去效用，这是为什么呢？

首先，孩子普遍是"享乐主义者"，他们绝大部分追求的是及时享乐，能玩则玩，虽然刚开始的震慑有作用，但终究抵不过本性使然；其次，家长普遍心软，嘴上说不管，到时候却总是给孩子善后，让他们免于承受后果，这是很重要的一部分原因；再有，奖励不够及时，或者父母言而无信，为了激励孩子马上行动起来，便用他们喜欢的事物作为奖励，一开始孩子会很兴奋，但是当他发现要获得这个奖励需要付出很大"代价"，或者父母总是在推脱兑换奖励的时间时，孩子们的积极性就会越来越低。

哈佛大学积极心理学博士泰勒说过，对于拖延，人们往往存在这样一个认知误区，总以为要在行动之前，受到激励，但实际上是行动产生激励。也就是说，克服拖延的最好办法，就是别想，即刻去做，用行为去影响态度。

当然，孩子自己是不会立刻行动的，但是家长可以实施帮助，也就是说，当孩子拖延时，家长不要只是苦口婆心地说，而应该即刻将孩子带入到做某件事情的情境中，比如让孩子写作业，家长就要尽快把孩子带到书桌前，不要因为"我一会儿就写"的说辞放任孩子继续玩，由于强行要求会让孩子抵触情绪更大，所以最好是通过沟通让孩子尽快地心平气和地坐到书桌前。

如何沟通？家长们不能再按照一贯的方式，命令、吓唬、责骂，应当用能勾起孩子兴趣的话进行引导。

案例导读

妈妈看到彤彤如此，非常生气，刚要发火训斥，突然想到昨天也是同样的场景，最后彤彤不仅没写作业，还一直哭闹，连晚饭都没有吃。正当妈妈不知如何办才好时，妈妈的一个朋友刚好来做客，她看到这样的状况，自信一笑："我有办法。""到底什么办法？别卖关子了，我们家彤彤可真愁死我了。"朋友安抚道："你别着急，我先试验一下。"

说着，阿姨走到了彤彤的房间，彤彤还在玩她的娃娃，阿姨没有像妈妈那样对彤彤说"快去写作业，写不完了老师会惩罚你"这样的话，而是说："彤彤，你的这个娃娃被你打扮得好漂亮啊！""真的吗？"彤彤开心地问道，随即神情又黯淡下来，"妈妈只会说早就该把这个娃娃扔掉了。""妈妈的意思是要给彤彤买一个新娃娃或者给这个娃娃买一身新衣服。"阿姨说道，"你想不想要呢？"彤彤点点了头。"但是，想要拿到这个礼物，彤彤需要跟阿姨玩一个小游戏，挣魔法币。""什么是魔法币？"彤彤的好奇心被勾起来了。阿姨从包包里掏出一堆漂亮得像纽扣一样的东西，有菠萝形状、有香蕉形状、有草莓形状，说道："只要拿到5个这样的魔法币就能兑换到一个娃娃，现在彤彤如果能马上到书桌前，

第7章 习惯问题：改变孩子浪费时间的行为习惯

阿姨就告诉彤彤怎么挣魔法币。"

阿姨刚说完，彤彤就一蹦一跳地到书桌前乖乖坐好了。

当然，有的家长可能会遇到使用这种方法不管用的情况，一般来说，源自两个方面，一是没有契合孩子的愿望，二是因为家长经常不守信用，失去了孩子的信任，对于这两方面，家长一定注意。遇到不起作用的情况，家长要从这两方面反思，尽量重获孩子的信任。

将奖励分成阶梯式，不要想起来什么就说什么，一股脑给孩子许诺一个奖励，比如去游乐场，到时候又因为工作或其他原因满足不了，在孩子面前失信。把奖励分成几种等级，一旦孩子进步了，当即就给孩子奖励，比如之前都是妈妈催促才会起床，但今天孩子自觉起床了，就要奖励给孩子相应的礼物（或者积分），不管是在什么事情上，都可以如此，让孩子尽快尝到行动带来的甜头，也可以看作是先行动再激励，这种激励效果远比家长单凭嘴说要更有效果。

不要一味心软，让孩子为自己的行为买单。

当孩子磨磨蹭蹭不吃饭的时候，不要因为觉得孩子还小，吃不饱对身体不好等借口一直妥协，追着喂或者主动热饭，如果这么做才是对孩子的不负责，家长只需要按时提醒孩子该吃饭了，如果孩子还是不过来，直接吃饭不等他，等到孩子饿了家长只需要告诉他怎么做，具体让他自己解决，家长不要插手。

写作业、起床睡觉也是如此，作业因拖拉没写完，起床时磨蹭导致上学迟到，家长千万不要因为孩子的撒娇哭闹而帮着他应付老师，找借口编理由，这会成为孩子拖拉磨蹭的"坚实后盾"，他会想，反正妈妈爸爸会管的。

消除令孩子分心的因素，学习写作业时，保证桌面的简单干净，不要有噪音，任何与学习不相关的东西都要远离。吃饭时尽量把孩子的目光吸引在餐桌范围内，如果吃饭期间正好是孩子爱看的动画片的播放时间，那么家长就要考虑把吃饭时间提前还是推后。

　　训练孩子必要的技能，比如有的孩子专注力不高，有的孩子不自信，有的孩子胆子小，这些也都会影响孩子执行事项的速度，父母可根据孩子的具体情况制定对应的训练方案。

　　想让孩子不再因拖延而被催促，以上几点还是远远不够的，重要的是能结合事项清单、计划表的使用，让孩子逐渐养成做事规律的好习惯，才能彻底改掉坏习惯。

闹情绪：常以哭闹发脾气达到目的

哭是一种表达情绪的方式，在孩童的世界里很是常见，对于一些孩童来说，哭闹只是因为表达能力不足而进行的一种发泄释放，是通知大人的信号，但是对于有一些孩童来说，哭闹还可以成为一种"要挟"家长的方法。

事情到达这种程度，也不能全怪孩子，家长更有不可推卸的责任。

孩子每次哭闹都是有原因的，害怕会哭、被欺负会哭、缺乏安全感也会哭，面对孩子的哭，很多家长都会手足无措，想尽办法让孩子停止哭闹，最常用的方式就是满足孩子的要求，就是如此，时间一长，孩子就会把"哭闹"当成获取某种东西、达到某种目的的手段。

比如，想买一个玩具，爸爸妈妈不给买，就大哭；不想写作业了，也哭；不想早起，还是哭……

针对这样的情况，家长们更是手足无措，不知道如何办才好。实际上，就是家长们让孩子通过哭闹尝到了太多甜头，他们才会将这种方法当成"金科玉律"，只要不随心不如愿就会搬出来。

案例导读

因为爸爸妈妈工作的原因，牛牛跟爷爷奶奶生活了一段时间。爷爷奶奶年纪大了，没有精力带着孩子到处玩，心里很是愧疚，因此对牛牛更是宠爱。

一般情况下，牛牛提出的要求，爷爷奶奶都会答应。不过，也有例外的时候，比如有一次，牛牛看到一个大孩子拿着很酷的游戏机玩，他也想要，但爷爷奶奶怕耽误他的学习，就没有答应，牛牛便号啕大哭起来，爷爷奶奶心疼孙子，没有办法只好妥协。然而，从那之后，牛牛只要是要求没被满足就会大哭起来，这让爷爷奶奶很是头疼。

不久后，爸爸妈妈的工作稳定下来了，就把牛牛接了回去。晚上吃饭的时候，牛牛要打开电视，妈妈没有答应，牛牛坐到地上就开始哭，妈妈越是不让他哭，他哭得就越厉害。这时候，爸爸把妈妈拉到一旁，蹲到牛牛身边，轻轻地拍着牛牛的后背说道："儿子，爸爸知道你很想看动画片，爸爸也觉得很好看。"听爸爸这么一说，牛牛哭得更厉害了。"但是，你这样一直哭，是没有用的，而且再哭下去，动画片就要演完了。"牛牛一听，哭着问道："那怎么办啊？我不管我不管，呜呜。""那你先听爸爸说，一会爸爸跟妈妈商量一下，把吃饭的时间跟你动画片的时间错开，这样吃饭、看电视就都不耽误了。"牛牛哭声渐渐小了，抽泣着点了点头。"不过，现在你要乖乖吃饭，否则妈妈还在生气，怎么会答应呢？"牛牛想了想，点了点头，自己站起来，坐到餐桌前乖乖吃起了饭。

想要让孩子改掉这个坏毛病，首先就要让他们意识到"哭"是没用的。

我们经常看到，有的妈妈看到孩子哭就很是心疼，一个劲儿地恳求孩子：小祖宗，你别哭了，要什么妈妈都答应你。

作为父母，心疼孩子无可厚非，但也不能只是心疼，更要解决问题，5～10岁的孩子已经具备了一定的理解和沟通能力，不会像幼儿一样既不会说又听不懂，这就为问题的解决提供了便利。

当孩子大哭时，第一步不是想尽办法止哭，因为有的孩子越是不让他哭，他越会哭闹得厉害，而且如果家长采取的方式不恰当也会加剧孩子哭闹的程度，适得其反。

第一步需要做的是安抚，轻拍孩子的肩膀，告诉孩子你知道他的想法、感受，

第7章　习惯问题：改变孩子浪费时间的行为习惯

这一步之后，孩子可能不会停止哭泣，反而会哭得更凶，但家长不用担心，这正是情绪完全释放的表现，假设你心里很委屈，有个人跟你说，我知道你很委屈，我理解你，这时候你是不是会有大哭一场的冲动？孩子也是如此，这与采用不恰当的方式导致哭闹加剧是不同的。

安抚孩子之后，其实家长和孩子之间的距离就被拉近了，这时候家长可以尝试着告诉孩子，哭只会耽误事情，是没有用的。父母最好是扮演"红白脸"的角色，一个温柔一个严厉，先让孩子意识到哭不能解决问题，只会使问题更严重，然后再给孩子提出一种解决问题的方法，这也是很关键的一步，孩子选择哭，就是想用最直接的方式达到自己的目的，当你告诉他这种方法行不通时，就要告诉他另一种行得通的办法，并得到孩子的认可，这样才算是有效解决了问题。

当然，哭闹一定也要和积分、礼物清单结合在一起，当孩子想要什么东西时，告诉他哭不会达到目的，但是你可以通过良好的表现来获得相应的奖励，凭借自己的努力得到想要的东西。长期这样执行下去，孩子的这种习惯才有可能被扭转。

孩子之所以能用哭闹作为"威胁"父母、达到目的的手段，说白了还是因为父母没有正确对待他们的哭闹行为导致的，那么在孩子还没有采取这种方式之前，面对孩子哭闹，父母应该如何处理呢？

三岁之后的孩子，认知能力有了较大提高，会越来越有主见和自我想法，而此时的孩子开始需要面对更多的规则束缚、面对各种冲突，遇到很多"不顺心"的事情，当他发现世界并不是那么完美的时候，自己不能想怎么样就怎么样的时候，心里就会产生巨大的落差，哭闹就成了表现这种落差的本能反应。儿童时期，孩子的大脑和神经发育尚不完善，自控力较差，累了、困了、饿了、病了时更容易哭闹和发脾气。

每个人都会产生负面情绪，当不快产生时，越是积压越是严重，所以最好的方法就是及时释放出来，所以家长要转变对孩子哭闹的态度，这并不是坏事，将坏情绪发泄出来，孩子的心理才会更健康。家长们要做的不是如何止哭、不让孩子哭闹，更不是放任不管，而是长时间不断引导孩子学会用其他方式进行发泄。

在孩子还未学会其他的宣泄方式之前，面对他们的哭闹，家长千万不能为了制止而呵斥和威胁孩子，更不能丢下孩子"一走了之"。孩子哭闹的时候，其实是内心非常脆弱，需要关心安慰的时候，如果家长再斥责、威胁甚至离开，孩子会更加恐慌无助，哭声也会越大。

哭闹是正常的，家长不必过于担心，这时候要做的就是静静地陪在孩子身边，轻轻地安慰他，甚至什么都不必说，让孩子感受到你在他的身边就好。

玲玲今年5岁了，长得乖巧可爱，但是最近她不仅爱发脾气，还爱动手。每当这个时候，妈妈就会很坚决地告诉她："打人是不对的，妈妈不喜欢你这样。"玲玲就会委屈地噘着嘴，做出马上要哭的样子，如果她还继续打，妈妈就会轻轻抓住她的小胳膊，把她揽在怀里，轻轻安慰她。躺在妈妈怀里的玲玲就会大哭，但会逐渐安静下来，那一段时间玲玲妈妈一直坚持这么做，后来玲玲就很少再打人了。

此外，家长可以帮助孩子学会用语言表达自己的心情，比如孩子因为家长没时间带他去游乐场而苦恼时，父母可以这么跟他说："宝贝，妈妈知道你很想去游乐场，很伤心才会哭，但是妈妈今天实在是没有时间，希望你也能理解妈妈。"在孩子自己不会表达时，家长替他用语言将他的感受描绘出来，孩子也就不会那么伤心了。慢慢地，他也会有意识地学习用语言表达。

允许并理解孩子哭闹，但不能因为哭闹而纵容孩子。很多家长都"怕"孩子哭闹，如果用强硬的方式制止不了，就会妥协纵容，许给孩子承诺，答应他无理的要求，甚至纵容孩子错误的行为。这样用不了多长时间，"聪明"的孩子就能学会用哭闹作为换取好处的条件。

第 7 章 习惯问题：改变孩子浪费时间的行为习惯

孩子的哭闹和成长规律之间有着必然的联系，家长最应该做的就是转变对哭闹的看法，要认识到，一方面孩子还小，不能很好地控制自己的情绪，哭闹和发脾气只是孩子心情不好的一种自然表现，发泄内心不快的途径；另一方面也要让孩子逐渐学会控制情绪，学会让内心平静的方法。

正确理解并对待孩子的哭闹行为，就能很大程度上维护孩子的心理健康，避免孩子将"哭闹"作为手段，达到难以控制的局面。

表达：不敢说，或者表述不清

现实中，常常会有这样的情形：

一位从学校接到孩子的妈妈，气急败坏地对孩子说道："你怎么什么都不说啊？到底发生什么事情了？"

一个男孩子被别的小朋友欺负了，哇哇大哭起来，可是妈妈问他事情发生的经过，他却支支吾吾说不清。

一个小女孩总是低着头，在课堂上总也不敢举手回答问题，虽然她什么都会。家里来了亲戚朋友，孩子躲在大人后面，特别害羞，回答个问题支吾半天。

……

其实，很多孩子身上都存在这样的问题，孩子早已经学会了说话，但总是不爱说话或者不敢说话，甚至表述不清，有时候父母问半天都说不出一个字，在学校就更别提了，这令父母们不禁担心。

孩子出现这种情况的原因，包括以下几个方面：其一，性格原因，本就不爱说话；其二，环境原因，在熟悉的环境下表达能力很强，到陌生环境就会紧张害怕；其三，不够自信，个人的自信与否与基因、性格相关，但更多取决于后天的影响；其四，缺乏安全感，感觉自己说了之后，会发生不好的事情，这很可能与不美好的经历有关。

儿童时期，尤其步入学校之后，家长们致力于孩子各种能力的培养，在学校学习之外，会让孩子参加一些特长班，而家长们往往容易忽略一种对于孩子非常

第7章 习惯问题：改变孩子浪费时间的行为习惯

重要的能力，那就是表达能力的培养。

对于绝大多数人来说，表达能力不是天生的，也不是长大后自然而然形成的，而是通过不同形式的"训练"培养而来的，而这种训练包括平时的沟通以及演讲、辩论等专业型方式，且儿童时期是进行训练的最佳时期，宜早不宜迟。

然而，中国式家庭教育常以批评为主，这甚至可以说是造成孩子不善于表达的主要原因，请看下面几个案例：

案例导读

案例1

小优放学回到家，把妈妈喊来，跟妈妈说老师留的语文作业是有感情地朗诵新学习的文章，并让家长点评。

小优的妈妈也是一名老师，对小优期望很高，也因此对她要求十分严格。妈妈坐在椅子上，示意小优开始读，也不知是紧张还是不够熟练，刚开始小优就读错了两个字，妈妈摇着头打断了小优，等小优读完，妈妈的批评劈头盖脸就上来了，小优十分委屈又不敢哭。后来，小优就很少读课文，即使老师提问，她也支支吾吾地不想读。

案例2

江江本就是个安静的孩子，不怎么爱说话，但是到该说话时他也会很积极。有一次，妈妈带他出去玩，路上碰见了一个熟人，妈妈让江江赶快叫人，但是江江可能是因为怕生，再加上妈妈的催促，一时间没说出来，妈妈就说了句："这孩子，怎么这么不懂事！"妈妈和朋友聊完，在路上又把江江数落了一顿，还一直强调要怎么叫人。

然而，后来江江越来越不爱讲话了。

面对孩子不敢讲话、表达能力欠缺的情况，家长请先回忆一下自己有没有这些行为：总是不断提及孩子的过失；当孩子说错话时，毫不犹豫地批评；认为孩子不说话就是跟自己作对，并把这些怪到孩子身上；孩子喋喋不休地说话时，严厉呵斥孩子……

如果家长有以上行为，请马上停止；如果没有，那可能是孩子本身的原因。

不管是哪种原因导致的，家长们都可以通过平时的训练，帮助孩子提高表达能力。

首先，与孩子对话时，站在平等的位置，不要用大人的身份来压孩子。

"大人说话，小孩插什么嘴！""你这么小，懂什么？""你问题怎么这么多？"这样的话，相信从很多家长的嘴中说出来过，在某些情况下，孩子说的话可能产生了什么不好的影响，家长就会用一种居高临下的姿态来呵斥孩子，殊不知这样不平等的对待会极大挫伤孩子表达的积极性和自信心。再遇到这样的情况时，父母不妨换一种态度和方式，比如家长正在和朋友谈正事，孩子插了一句嘴，这时候家长可以这么说："儿子，你的意见爸爸已经知道了，但是打扰别人是非常不礼貌的事情，所以请你去别的地方玩，回头爸爸再跟你讨论，好吗？"

其次，和孩子用游戏、比赛的形式阅读、辩论，设置情景对话等。

家长应该尽量多和孩子进行互动游戏，在家庭中营造出"适合表达"的氛围，锻炼孩子的表达能力，比如和孩子扮演童话故事中的角色，进行交流等。

也有的孩子，可能刚开始在父母面前也不好意思开口，那么可以让他独自阅读时用录音机录下来，然后和爸爸妈妈一起听。这过程中，家长一定要以夸奖为主，适当指出不足。

再次，引导孩子用语言描述自己的感受和感兴趣的事物。

比如孩子喜欢玩小汽车，妈妈就可以让孩子讲一讲这些汽车会发生什么样的故事，小汽车都叫什么啊？它们是什么关系？谁跟谁是一伙的？引导孩子自己去观察、去想象、去描述，在日常中积累他的逻辑和语言能力。

最后，可以多鼓励孩子参与学校组织的演讲、辩论等比赛，让孩子在亲身实践中锻炼胆量，总结不足。

当然，这一定是个循序渐进的过程，不能一开始就让一个不敢说话的孩子站在观众面前演讲，也不可能让一个不爱说话的孩子马上滔滔不绝。此外，对于胆小的孩子，家长们可以多带他出去玩一些增强勇气的运动项目，当孩子遇到问题时，鼓励他自己解决；对于不自信的孩子，父母一定要以赞美、夸奖为主，让孩子知道他很棒；对于本就喜欢说话孩子，家长适当引导，带他多去跟别的小朋友交流，但不要强求。

孩子表达能力欠缺的问题，家长们应当及早重视起来，采用合理的方法帮助孩子锻炼和提高表达能力。强调一下，对于这种情况下的孩子，家长的陪伴尤为重要。

三心二意：注意力总是不集中

人们常说专注力是一种不可或缺的能力，一切伟大的成就都以专注为前提，不管是科学家、作家还是学生、教师，但凡在职位上能取得好成绩的人，都无一例外拥有高度的专注力。

然而，事实是，分心才是人的本能，儿童尤甚，毕竟成人已经具备了一定程度的自控力，儿童自控力尚且不足。

缺乏专注力的孩子往往会呈现出两大类型的问题：

其一，做什么事情都是三心二意，三天打鱼两天晒网。

其二，在做某件事情的过程中注意力不集中，尤其是在学习时，很容易被其他事物吸引过去。

具体表现
注意力不集中，小动作多，左摸摸右看看，容易受到外界干扰
做事粗心大意，虎头蛇尾，大题不会做，小题总出错
记忆力差，单词、课文、知识点记不住，刚教过转眼就忘
做作业拖拉，一会儿要喝水，一会儿要吃东西，总是有各种借口
课堂随便插嘴，违反纪律，打扰老师教学
做一件事总是坚持不下去，即使是自己选择的

对于孩子身上出现的上述情况，不少家长很是发愁，有的甚至还带孩子去看了医生，让孩子吃提升记忆力的药，但最终也并没有什么明显效果。

实际上，在 5 岁之前，孩子注意力易分散是正常现象，随着年龄的增长，自

第 7 章　习惯问题：改变孩子浪费时间的行为习惯

控能力的增强，注意力分散的程度应该有所降低，也就是说，如果存在一定程度的缺乏专注力的情况是正常的，毕竟没有人可以做到百分之百专注，但如果孩子注意力总是无法集中，家长就要采取措施了。

针对这一问题，有什么行之有效的方法吗？

孩子注意力不集中，是自身再加上某些外界影响长期作用的结果，最终导致习惯性分心。而在当下，造成孩子注意力不集中的元凶之一就是手机、游戏。

长时间盯着手机屏幕，会造成用眼疲劳，视力衰退，除此之外，临床上已经发现长时间盯着手机、电视、电脑等屏幕会对集中注意力产生一定的影响，尤其是睡前看手机、电视、电脑等屏幕，不仅影响睡眠，还会加重注意力缺陷的症状。甚至于，手机等电子产品放在身边，也会导致人们分心。

因此，培养孩子专注力的第一步，就是管控孩子合理使用手机、电脑、玩游戏，尽可能地拉开孩子与电子产品之间的距离。

其次，可使用"积极目标法"培养孩子的专注力（可与番茄闹钟配合使用）。

何谓积极目标？家长们应该都知道，目标会让人的专注力、行动力、执行力有所提升，换言之，一个人在一定时间内有了一个目标，他就不会被轻易干扰，专注在自己要做的事情上。对于孩子来说，也是如此。给他设定一个要自觉提高自己注意力的目标时，在非常短的时间内，集中注意力的能力就会迅速提升。

但关键是，如何设定有效目标，如何让孩子产生执行目标的动力，换句话说，如何让他对目标有兴趣。假如，家长跟孩子说，你要在 15 分钟内把这 10 个单词背会，孩子根本不喜欢不当回事儿，那这目标也就没有什么用。

所以，设定目标时应该让孩子参与其中，并询问他的意见，再说明完成目标后的好处。例如：我们来打一个赌，如果你能在 15 分钟内把这 10 个单词背会，妈妈就会给你一个神秘礼物，但是如果你不能，就要答应妈妈一个要求。如果孩子说我不喜欢背单词，我不要，那么家长也不要强求，问孩子他想做什么任务（与学习相关的），让他说出来，家长来进行判断。

一般情况下，孩子持续专注的时间在15分钟左右，当然这个时长是可以通过训练增加的，但是最开始时，任务完成的时间最好不要超过15分钟，或者中间设置休息时间。开始的任务都应该设置为比较简单的，让孩子一看就感觉自己能够完成，这样孩子才会更有动力，且孩子完成任务之后的奖励一定要兑现，家长不能食言。

为了培养孩子在写作业时的专注力，要对这一过程进行可操作性指导，即写作业过程中头要保持一定的姿势，眼睛要始终看着课本和作业本，手要一直写字，嘴巴不要讲话，总结起来就是"眼不抬，手不停，嘴不动"。为了让孩子尽快做到这几点，家长可以将目标法与之结合在一起，这么对孩子说："爸爸相信你在写作业期间能够做到眼不抬、手不停、嘴不动，爸爸先奖励你3颗红心，违反一次提醒一句，违反3次就要扣掉一颗红心。"

当孩子某一次专注完成作业，比平常有了很大进步时，家长也可以对他实行奖励，不增加课外作业、安排一次外出游玩等，让孩子意识到，如果他足够专注，那么就能获得更多的自由时间。

另外，家长们可以有意识地训练孩子排除外界干扰的能力。

比如，在公交站、公交车上、接送孩子的路上、公园散步时，有意识地让孩子记忆背诵或是思考问题。

除此之外，在亲子互动时间，父母和孩子可以玩一些对提升专注力有帮助的小游戏："123木头人""找不同""听号码"等很多游戏都能够让孩子在玩耍的过程中培养专注力，家长们可以多和孩子进行，在游戏中设置"奖惩"方案，吸引孩子的兴趣，还能有效减少孩子玩手机的时间。

实际上，良好的习惯、规律的生活能够有效提高孩子的注意力集中性，这也是制作遵循时间表的原因之一。当孩子习惯性按照时间表行事时，他就会在规定的时间做规定的事情，自然也就不会分心。还是那句话，一切立竿见影的方法都是皇帝的新装，唯有长期坚持，才能够看到效果。

第7章 习惯问题：改变孩子浪费时间的行为习惯

	提高专注力的游戏
1. 对旗语	准备不同颜色的旗子6面，规定每一面代表一个动作，例如红旗蹲下来、绿旗伸懒腰、黄旗拍手等。游戏开始，一位家长随机举起旗子，另一位家长和孩子做出相应动作，动作要迅速，如果两秒内反应不过来或做错，都算失败。
2. 大小西瓜，高个矮个	几人围成圈站着或坐着（人越多越好），通过猜拳决定出排头，排头说"大西瓜"但手要比出小西瓜（用手指比一个小圆），接着第二个人说"小西瓜"，但手要比出大西瓜（用手比一个大圆），以此类推。还可以选出一个人当指挥，发布"大西瓜、小西瓜"的指令，大家按规定做出动作。 高个矮个也是如此，说"高个"时要两腿半蹲，两手扶膝，扎马步；说"矮个"时要两手上举，脚尖踮起。
3. 数青蛙	一只青蛙一张嘴，两只眼睛四条腿，扑通一声跳下水。两只青蛙两张嘴，四只眼睛八条腿，扑通扑通跳下水。三只青蛙三张嘴，六只眼睛十二条腿，扑通扑通扑通跳下水……说到这里后，大家轮流向后接，看谁出得错少。 这算是一个训练数学思维和注意力的比较难的游戏。
4. 躲数字	"明7暗7"，玩法是按自然数顺序1、2、3、4、5、6、7……数下来，7、17、27、37等以7结尾的数字称作"明七"，7的倍数如14、21、28等称作"暗七"，到"明七""暗七"的人都不能发声，只能敲一下桌子。 另一个类似的是"躲3"，玩法类似，凡是遇到带3或3的倍数都不能说出来，拍手或敲桌子代替，因为和3有关的数字出现频率高，所以要比"明7暗7"难度大一些。
5. 连数字	让孩子把1～100甚至更多的数字按顺序连接起来，组成各种有趣的画面。

学龄前（4~7岁）儿童不良习惯一览表

具体行为	分数
不会清楚表达自己的想法，或表述不清或不愿说话，需要老师家长猜测	
写作业时一遇到难题就放弃，平常遇到困难不会解决，爱闹情绪	
把父母的话当耳旁风，让做什么不听，跟父母唱反调	
犯了错误不承认，总是狡辩，甚至发脾气	
不合群，不愿跟小朋友一起玩	
在外被人欺负，不敢主动跟父母说	
跟小朋友在一起玩常闹矛盾，抢东西，吵架	
不会分享，不管是跟父母还是小伙伴	
常常以哭闹、发脾气试图得到某件东西或达到自己的目的	
任性，想做什么就做什么，想要的东西必须马上到手，一刻也不能等	
经不起批评，父母或老师一说就不乐意，闹情绪	
沉迷于动画片、手机游戏	
吃饭时三心二意，磨磨蹭蹭	

学龄期（8~10岁）儿童坏习惯一览表

具体行为	分数
上课不专心，三心二意，总让老师提醒	
做事情虎头蛇尾，总是坚持不下去	
过多使用手机和电脑	
饮食不规律，容易暴饮暴食，利用食物调节情绪	
不注意个人卫生，不爱洗手	
总是打断别人的谈话	
抱怨老师	
嘲笑别人的短处	
没有主见，不会独立思考	
盲目减肥，不注意身体健康	
不进行外出活动、体育锻炼	
盲目攀比，眼馋别人的东西	

第 8 章 执行问题：

执行过程中的具体问题分析

时间表、礼物单看似不那么复杂，很多家长很快就能掌握要领，但有时家长们认为已经处理妥当，到真正执行时还是会遇到很多问题，因为孩子身上的不确定因素太多，很多事情没有标准答案，父母的主观意愿又太强烈，这就会导致很快产生一系列问题。

比如：

1. 孩子睡眠情况如何判定？
2. 孩子讨价还价要红心和积分怎么办？
3. 可以直接用钱代替礼物吗？
4. 孩子在学校的表现如何评估？
5. 面对老师的告状应该怎么办？
6. 家庭成员共同遵守的事项中，家长获得的蓝心应当如何处理？

以上这些问题是比较常见的且容易解决的问题，在这里给出答案：

1	很多家长都有这样的疑惑，孩子睡眠的情况怎么判定呢？按熄灯算还是睡着了算？在时间管理中，睡眠的标准即关灯（开夜灯）、上床躺好、闭眼、不乱动。由于每个孩子甚至同一个孩子不同情况下入睡的时间都不同，孩子何时睡着很难判定，因此不作为评价标准。5～10岁的孩子睡眠时间以8～10小时为宜，判断孩子睡眠是否充足可以从孩子的日常状态入手：早起易清醒、大多时间有活力、晚上8点之前不困乏。
2	当孩子没有按照约定完成任务，又讨要红心时，家长不要立刻拒绝也不要马上答应，可以这么说："完成任务可以获得3颗红心，虽然你没有完成，但鉴于你态度认真，可以给你2颗，但如果下次再这样就不会给了。" 当孩子完成了任务，要求增加红心数量时，先告诉孩子："这个问题我们需要考虑一下。"暂时转移孩子的注意力，确定了红心数量之后，如果增加就告诉孩子："你做得很快而且出错很少，所以我们决定增加这个任务的红心数量，但还要观察你的行为，从下周开始实行。"如果不增加，可以这么说："你能按时完成非常好，但是还存在××的问题，如果你能尽快改过来，红心数量马上增加。" 当孩子想通过某些额外行为讨要红心时，比如，孩子说："妈妈，我帮你收拾桌子，你能不能给5颗红心？"家长可以回应道："你能主动提出帮忙做家务，妈妈很高兴，额外奖励你1颗红心。"如果孩子真的动手去做了，家长可以追加奖励："你收拾得真干净，妈妈再奖励你3颗红心。" 之所以这么说，一是让孩子意识到规则不是那么随意就能改动的，奖励需要条件；二是让他知道自己哪里做得好，哪里做得不好，有进步的空间；三是强调鼓励那些家长希望再次发生的好行为，让红心成为鼓励好行为产生的奖励，而非条件，不让孩子过分依赖外界刺激。
3	当然不能够直接用钱代替礼物，设置积分制、代币制、红蓝心的目的就是逐渐让外界刺激转化为精神激励，让孩子通过积极完成任务获得自己想要的东西，从而产生满足感和成就感，逐渐享受完成任务的过程，最后形成自觉。而直接用钱却很难达到这样的目的，一方面钱的形式单一，二来孩子对钱尚且没有明确的概念，三来会让孩子觉得父母敷衍了事，总之直接用钱效果不佳，还会带来其他问题。

第8章 执行问题：执行过程中的具体问题分析

4	对于孩子在学校的表现，有三个获知途径，即通过老师、通过同学、通过孩子自己。第一个途径，除非是老师主动打电话或家访，家长不可能每天都去询问老师孩子的表现；第二个途径去接孩子的小伙伴到家里玩时，可以适当问一些；最主要的还是问自己的孩子，在学校的表现，但孩子不说也不要逼他。 如果孩子自己说的情况与老师、同学描述的不一样，该怎么办？比如，老师打来电话说，孩子上课积极回答问题但是一直交头接耳，但孩子却说他上课很认真听讲还回答了很多问题。 建议家长更多选择相信孩子的话，倒不是不能相信老师，因为真实的情况可能是这样的：孩子听课时很认真，到回答问题时很积极也很兴奋，于是和同桌激动地讨论了起来，恰好被老师看到…… 不能因为老师或者别人的话就完全否定孩子，要选择性地相信，比如针对上述情况，家长可以跟孩子说："你今天在课堂上表现得很棒，但是课堂上没有老师允许的情况下，是不能够激烈讨论的，不然会影响到别人。鉴于你的良好表现，妈妈奖励你3颗红心。"这样说既鼓励了孩子积极回答的行为，又提醒了他应当改正的问题。 在没有老师通知的情况下，询问孩子，就要百分之百地相信他，否则不如不问。
5	相信不少家长都接到过老师的告状，那么你是怎样处理的呢？家长们面对老师的告状，都会说等孩子回来我好好跟他聊聊之类，但到底怎么处理，其实自己心里也不是特别明白，并且这涉及的不仅仅是孩子的问题，还有与老师应当如何沟通的问题。 老师的告状可分为两种情况，一是孩子在学校经常有不好的行为，老师屡教不改没有办法时；二是孩子平常表现不错，突然有重大反常行为时，比如考试退步了很多。这时候老师就会告诉家长，希望借助家长的力量让孩子的行为有所收敛和改善。 有的家长脾气比较火爆，一听老师这么说，可能就把孩子劈头盖脸骂一顿，实际上家长没有在学校没有亲眼看到孩子的行为，是不能够直接解决问题的，对孩子打骂也不能产生大的作用。 面对老师的告状，可按照以下步骤进行： 首先对老师表示理解，并且向老师道歉（孩子让您费心了），再表示感谢（对孩子的关注）。这一步主要是安抚老师的情绪，一般情况下，告状的老师都会有些"激动"，所以不管老师怎么说，家长都要好好听并接受。 接下来，请教老师，主动配合。待老师情绪平静后，家长不要立刻表态说我怎么怎么着，而是要把问题转给老师，因为她才是最了解孩子在学校情况的人，可以问老师："我们家长应该怎样做来配合您的工作呢？"对于老师提出的建议，还是选择性地采取。 最后，几天之后，要给老师回个电话进行反馈。
6	家长得到的蓝心应该如何处理呢？ 第一，可以专门设定惩罚措施，比如打扫卫生、做饭等。 第二，家长的惩罚就是孩子的奖励，比如给孩子买好吃的，带孩子去踢足球等，最好是增加亲子时间。 至于红心，可以赠予孩子，也可以积攒兑换"礼物"。

除了上述较为简单的问题之外，执行过程中还会产生一些比较复杂的问题，在下面的章节中将会通过案例来阐述。

孩子对时间表兴趣不高

案例导读

晴晴是个活泼开朗的小女孩，特别喜欢笑，很招人喜欢。但是这样的晴晴对于妈妈而言却一点都不可爱，因为她有一个非常顽固的坏习惯，那就是不爱写作业，每到写作业的时候就东张西望、磨磨蹭蹭，晴晴妈妈为此非常发愁。

一次偶然的机会，晴晴妈妈接触到了儿童时间管理这方面的知识，她学习了一段时间后感觉收获颇多，于是胸有成竹地为晴晴制定了一套学习计划、时间表格，希望能够帮助女儿改掉磨蹭的习惯，尤其是在学习上。

等晴晴放学回来，妈妈便把任务清单、礼物清单摆在晴晴面前，说道："乖女儿，妈妈给你制定了这些事项计划，你只要按照上面写的去做，就能得到这张清单上的礼物，好不好啊？"

晴晴看了看妈妈手里拿的一张张纸，然后很激动地说道："我不要，我不要按照上面的做，我也不要礼物，一点都不好玩。"说完，晴晴就跑了出去，留下妈妈在原地。

晴晴妈妈实在想不通为什么女儿这么抵触，对礼物也不感兴趣。于是，打电话给在一块分享"时间管理"经验的朋友，朋友听了她的叙述问道："你的表格是怎么制定的？"

晴晴妈妈说："我按照给出的模板再结合晴晴具体情况制定的啊，我觉得表格没问题，主要是孩子不感兴趣。"

朋友听了轻轻地笑了："晴晴妈妈，孩子不感兴趣，那就是表格的问题啊。

第8章 执行问题：执行过程中的具体问题分析

我刚开始做的时候，也遇到过这样的情况。最主要的原因就是孩子把这个表格当成了家长管教约束他们的工具，看到那么多密密麻麻的事项，不反感才怪呢。"

"那制作这些不就是为了更好地管教他们吗？"晴晴妈妈不解。

"你要这么想就不对了，我们的根本目的是培养孩子的时间管理能力，而不是单纯约束他们，只有当他们把学习、日常事项当成自己的事情时，才会养成良好规律的习惯。"

"那我应该怎么办呢？"晴晴妈妈问道。

"首先，这个时间表是家长自己制定的，孩子没有参与进来，那么就是无效的；其次，妈妈跟孩子之间的沟通也存在问题，不能够激发孩子对时间表的兴趣；再有，礼物单如果孩子没有参与其中的话，激励效果也不大，试想，如果上面的礼物都是孩子不想要的，那么她还会有动力去做任务来获取吗？"

"啊，原来如此，你都是怎么跟孩子沟通的呢？"晴晴妈妈意识到了自己的问题，主动请教道。

"其实也很简单，你要看看怎么说才能让孩子把时间表当成一个好玩的东西，比如'宝贝，你不是觉得自己玩的时间太少了吗？咱们一起做个魔法表增加你玩的时间怎么样'或者'你有没有什么想要的礼物呢？妈妈很想知道，咱们一起列出来好不好'，对于第二种说法，礼物列出来之后，就可以标上红心或者分数，然后孩子会问这个分数是什么呢？你就可以说，这是获得礼物的方法，只要获得了积分或者红心就能获得相应的礼物，接着再告诉孩子积分是通关奖励，要做任务才能得到，这样一步一步引导，孩子的兴趣就会越来越高。"

"还可以这么跟孩子说啊，确实不一样，我自己听着都有点心动了呢。"晴晴妈妈惊喜地说道。

"另一方面，家长一定要不断地夸奖孩子，比如晴晴不是不喜欢写作业吗？在写作业的时候左摸摸右动动，这时候你千万不要数落她，提醒她的缺点，而是挑着优点夸奖，比如'晴晴写作业时一步都没有离开过座位，妈妈要奖励你一个红心''晴晴这个字写的横平竖直，真好看，是怎么做到的呢'诸如此类的话，这样孩子就慢慢会对写作业不那么抵触。"

"好好，知道了，听了你的话，我觉得学到了很多，谢谢你，我现在马上去实行。"晴晴妈妈兴奋地说。

晴晴妈妈按照朋友的建议重新更正时间表之后，果然晴晴开始感兴趣了，而且她发现夸奖和鼓励真的很有作用，比如她在晴晴写作业时这么夸奖道："晴晴，你今天拿作业本、课本的速度真快，妈妈要先奖励你一个水果币。""真的吗？妈妈，我还能更快呢，不信你看看。"说着晴晴的速度又加快了。

"晴晴今天写作业比昨天快了20分钟，真棒，能不能告诉妈妈怎么做到的呢？""我很快掏出了作业，写的时候手一直没停，现在还酸呢。"晴晴兴奋地说道。"原来这样就能写得这么快啊，晴晴真厉害，发现了这么大的秘密。"第二天，晴晴的效率更高了。

经过这次调整，结果令妈妈很满意，晴晴也很开心，因为礼物单上的礼物都是她想要的，而且妈妈的夸奖也让她十分有动力，现在她正忙着挣积分换她的芭比娃娃呢！

孩子对时间表不感兴趣，这是很多家长开始实行时都会遇到的问题。要记住，主体是孩子，不是事项，只有契合孩子心中所想，他才会产生兴趣。

那么孩子都是怎么想的呢？其实他们很简单，爱玩是孩子的天性，每个孩子都希望玩的时间多一些，喜欢被人夸奖，想要各种各样的玩具、故事书等自己喜欢的东西，可以说，他们是很容易满足的。

所以，家长在实行时间表的过程中，只要能契合孩子心理，就不怕他们不感兴趣。

孩子对时间表不感兴趣，家长应当从以下几个方面进行检查反思：

制作过程中孩子是否参与进来了？

孩子是否参与的标准并不是家长告知或是单单询问了他们的意见，而是要让孩子认同且感兴趣，这时候家长的说法很重要，就像上文中提到的那样，用"宝贝我们一起制作魔法表格增加你的玩乐时间"或"我们一起列出你想要的礼物"来代替"我们制作一个学习表格"。这样做的原因是，孩子不会把表格当成父母的管控工具，抵触感会降低，最终制作出的礼物清单会更符合孩子意愿，激励作用更大。

孩子的自主时间是不是足够？

本书给出过几个时间表模板，放学后到睡觉前的安排得比较满，学校作业后还有英语阅读、弹钢琴等任务，于是很多家长也会给孩子如此安排，这么做当然可以，但要注意时机，刚开始最好不要安排那么多任务。

表格实行初期，最大的目的是激发孩子对时间表的兴趣，如果安排太多学习任务，孩子一看表上列的密密麻麻的，写完作业还不能玩，他就会失去动力，如果安排的话，也要注意孩子的自主时间，每两项繁重任务之间至少要有30分钟的自主时间，否则就不要安排。

有没有使用积极性的语言？

不要说"时间都这么晚了/你怎么这么慢啊，还不赶快写"而要说"打败这个'作业怪兽'，剩下的时间都可以玩了""今天比昨天快了10分钟，你是怎么做到的"；不要说"你这字写得怎么歪七扭八的，认真点不行吗"而要说"这几个字又端正又漂亮，你是怎么写的"；不要说"吃个饭怎么这么费劲"而要说"妈妈看见宝贝不乱说话、不乱动，乖乖坐着吃饭，我要奖励给宝贝两个大红心"……

当家长使用积极的语言去引导孩子时，他就会不自主地按照语言中描绘的那样去做。家长可以多使用"……真厉害，怎么办到的"这种语言，这样孩子就会自己总结经验，并会自觉运用。此外，家长称赞孩子时，一定要将理由说清，不要用"表现好、做得好"来笼统概况,要说"一直没离开座位""横平竖直"等细节性描述,这样孩子就会把你说出的优点当作他要达到的目标,按照这个标准做下去。

家长们一定要注意以上几点,根据自家孩子的特点,找到吸引他的话语,提高孩子对时间表的兴趣。

孩子感兴趣却不执行

案例导读

棵棵是阳光小学三年级的学生，是传说中的"问题"学生，在学校里常常跟老师"作对"，违反学校纪律，被老师叫家长是"家常便饭"。他在家里也是妈妈眼中的"拖拉大王"，做什么都慢腾腾的，尤其是与学习相关的，积极性更低，但对各种游戏像"溜溜球""足球"之类的特别感兴趣，当然还有电脑和手机，总之，用棵棵妈妈的话说就是"好习惯没有，坏毛病一箩筐"。

一天，棵棵妈妈在学校门口等着接儿子回家，突然听到旁边几个家长在聊什么"时间管理"，其中一个家长掩饰不住心中的激动说道："我们家晴晴，现在写作业特别自觉，速度也提上来了，真是太好了。"

棵棵妈妈在旁边不知不觉听了半天，心动不已，等这群家长快走的时候，她才回过神，赶快喊住了晴晴妈妈："晴晴妈妈，你好，你刚才说的方法能不能也教给我啊，我们家那棵棵真的是太愁人了。"

"棵棵妈妈，你别着急，咱俩留个联系方式，回头我们分享经验的时候我叫上你，你也去听听，肯定能学到很多。"晴晴妈妈安慰道。

"好，太谢谢你了。"棵棵妈妈心里很是高兴。

不久后，棵棵妈妈就接到了晴晴妈妈的邀请，几次之后，棵棵妈妈就开始动手实施了。

按照大家总结的经验和教训，棵棵妈妈在制定时间表时就让棵棵参与其中。当妈妈问棵棵想要什么礼物时，棵棵特别兴奋，和妈妈一起列了很多很多。妈妈告诉棵棵，礼物要通过打怪赢积分得到，而怪物呢就是时间表格上的任务，经过妈妈这么一说，棵棵的兴趣更高了。

第二天，妈妈怀着激动的心情，打算从学习模块开始，让棵棵执行时间表和任务清单。棵棵放学回来后，妈妈说道："亲爱的儿子，让我们把作业怪兽打败，来挣积分怎么样？"

棵棵点点了头，乖乖坐到了书桌前，可是他一看见是一大堆数学作业就泄气了，问道："妈妈，能不做数学吗？我不会。"

"儿子，妈妈相信你可以的。"棵棵妈妈牢记大家说的"鼓励魔法"，并没有否定棵棵。

"那做完数学作业，我能得几颗红心？"棵棵问道。

"如果你能按照时间表在一小时内完成，就能得到5颗心，如果超过了时间，就能得到3颗。"

"那之后，我是不是就可以玩了？"棵棵眼睛里泛着亮光。

"你可以先休息半个小时，但是不能玩电脑手机，之后继续进行数学训练。"妈妈说道。

"啊？这样啊，那我觉得时间表一点都不好玩，我不要做了。"说完，棵棵又回到了之前那副模样，懒懒散散，眼神暗淡，一副无所谓的样子。

棵棵妈妈一听就急了，还是没忍住训斥了他，但棵棵却像没听见似的，自顾自地玩了起来。

棵棵妈妈赶紧给经验丰富的"时间老师"打电话，"时间老师"本人是个老师，一直在研究"儿童时间管理"这方面的内容，在一些孩子身上得到验证后，就组织了一些家长在一起学习和讨论。

听了棵棵妈妈的叙述，时间老师说："这样吧，明天是周末，你带着棵棵来我这一趟。"

周日，棵棵妈妈就带着棵棵去了时间老师家里。

第8章 执行问题：执行过程中的具体问题分析

"棵棵你好。"时间老师向棵棵伸出手。

"我一点都不好。"棵棵吊儿郎当地说道。

"你这孩子……"棵棵妈妈正想教训棵棵，被时间老师拦住了。

"棵棵你为什么不好呢？""因为，生活真是太无聊了。"棵棵像个小大人一样感叹道。

"我听说棵棵喜欢玩溜溜球，我这里可多了，就在那个房间，你去里面挑几个玩，我和妈妈聊聊天，好吗？"

听时间老师这么一说，棵棵兴奋又乖巧地说："好，时间老师，我现在好了。"

听完棵棵妈妈的叙述，时间老师对棵棵的情况有了大致了解，又问棵棵妈妈要了制作的时间表。

仔细看过后，时间老师说道："我已经知道问题所在了，在吸引棵棵兴趣上，您做得很好，但是列表中事项太多了……"没等月老师说完，棵棵妈妈说道："这不多啊，每个任务后面都有半小时的自主时间，而且也就三项，棵棵数学太差了，必须好好补一补。"

"您这想法是不对的，棵棵的情况特殊，这么说吧，孩子连1+1都还没弄明白，就让他做2+2的题，还做很多，他能有动力吗？您也说了，棵棵基础不是那么好，小毛病还多，那咱就得一点点慢慢来，心急吃不了热豆腐，不信我给你试验试验。"时间老师略严肃地说道。

正说着，棵棵出来了，手里拿着好几个溜溜球。

"时间老师，我好喜欢这个，能送给我吗？"棵棵恳求道。

"当然了，棵棵这么懂事有礼貌，不过时间老师有个条件。""什么条件啊？""我听妈妈说棵棵最不喜欢数学，可老师不信，如果棵棵能够把周末作业中这几道题在半小时内完成，这个就归你了。""真的？"棵棵跳了起来，马上拿着课本去桌子上做题了。

"您看，棵棵妈妈，刚开始，得让孩子看到希望，让他知道凭借自己的水平能达到，他就会去做了，您就是太心急了，对孩子要求太高，孩子达不到自然也就放弃了。还有一点，自主时间，家长是不能干涉的，不管孩子做什么，您只能是建议，或者通过积分诱导，让孩子不去做你不想让他玩的项目，总之不能强制。"

"时间老师，我明白了。我这就把这些任务简化，让孩子慢慢来。"棵棵妈妈说道。

孩子对时间表不排斥了，但却不执行，或者嘴上答应着好好好，做的时候却不积极，棵棵的事例，告诉家长们两个问题，第一，家长太心急，制定的时间表和孩子当下水平不匹配，导致孩子感觉完成无望，这就会把他的兴趣彻底浇灭，即使礼物也不能激起执行的动力；第二，不要强行干涉孩子的自主时间，尤其在初期，孩子完成作业之后，想玩什么就玩什么，这对他来说也是一种吸引力。

除此之外，还有一种常见的情况就是积分、红心奖励数量不合理，孩子觉得太少，跟自己的任务难度不匹配，或者礼物兑换难度太大，自然也就失去了吸引力，孩子一看我做这么多事情才几颗红心，一本漫画书就要50颗，什么时候才能换取啊。

解决的方法：奖励设置等级，有高级礼物和低级礼物之分，在征求孩子的意见上适度调整兑换关系，当然也不能太低，比如，做三到四个任务换取一个低级礼物，这样的程度就是合理的；告诉孩子，妈妈可以给你很多额外奖励，不单单是学习任务才能挣积分，一切良好的行为都会给你奖励。

对于刚开始执行时间表、事项清单的孩子来说，获取奖励、有更多的时间玩是对他们最大的吸引，家长们不要安排过多繁重的学习任务。

开始能做但坚持不下来

案例导读

静静，人如其名，是个很文静的小女孩，她的学习成绩一直很不错，不过静静妈妈希望孩子各方面都能更上一层楼。看到身边的几个家长都在和孩子一起进行"时间管理"，尤其是隔壁家的"调皮鬼"棵棵居然有了很大变化，静静妈妈也开始和静静一起进行时间管理。

静静算是比较乖巧的孩子，再加上爸爸妈妈吸取了上两位家长的教训，因此在开始阶段非常顺利。静静能够按照时间表上的事项逐一完成，还有了更多属于自己的自由时间，并且还能兑换喜欢的礼物，这让静静觉得很幸福，也更自觉执行时间表。

可是，好景不长，一个星期后，静静妈妈愁容满面地来到了棵棵家，向棵棵妈妈问道："你们家棵棵最近怎么样？"

"目前还不错，怎么？静静出现什么问题了吗？"看到静静妈妈的神情，棵棵妈妈问道。

"唉，是的呢，前一个星期好好的，可最近不知怎么了，特别懈怠。"静静妈妈回答。

"我家棵棵前几天也出现这个情况来着，我就去问了时间老师，棵棵的问题主要是和礼物清单相关，也怪我。棵棵不是喜欢溜溜球吗，我寻思着这两个星期，孩子都换了不少溜溜球了，再说光玩这个也没什么用，我就给他改成了课外书，谁知从那之后，积极性就特别低，对其他礼物也不感兴趣了，也不怎么执行时间表了。"

"那时间老师怎么说的呢？"

"她说，家长的这种想法可以理解，但是要学会换位思考，目前这个阶段，孩子尚且未形成内在激励，靠的就是这些外在的奖励，一定要按照他的意愿来，既要定期调整，又不能随便替换，尤其是孩子最喜欢的小礼物。至于孩子换什么是他的自由，如果家长想要让孩子换别的东西，可以换种说法吸引他，比如'棵棵，你听过小彩熊的故事吗？他喜欢冒险，经历了很多好玩的事情，你想不想知道'，但最终孩子的选择权在他自己。"棵棵妈妈将时间老师的话复述了一遍。

"静静的礼物单我也没动，有没有可能是她喜欢的东西变了，我回去问问，要不是这个原因，我也去请教一下时间老师。"

等静静放学回来，妈妈问道："静静，咱们再列一下你的礼物清单好不好啊？"

"不是刚列过吗？我不想再列了。"静静摇了摇头。

"看来不是礼物清单的原因。"静静妈妈这样想着，就给时间老师打了电话："时间老师怎么办呢？静静刚执行了一个星期就坚持不下去了，我听了棵棵妈妈的建议检查了礼物单，不是这个问题，我现在也不知道是怎么回事了。"

"静静现在作业完成情况如何？"时间老师问道。

"就是作业模块，时间老师，之前静静很快就写完了，可现在呢，根本不按时间表来，做作业拖拖拉拉的。"

"静静妈妈，咱们电脑上聊，你把静静现在的时间表发给我。"

时间老师收到时间表，眉头皱了起来，回复道："静静妈妈，你是不是私自给孩子增加学习任务了？"

"啊？我看静静做完作业，有两三个小时的自由时间，那么玩不可惜了吗？而且我就是想让孩子把这些时间利用起来，才做时间表的啊。"

"任务可以加，但是你这一下子加太多了，尤其是孩子最不喜欢的英语，静静能乐意吗？"

"您说的有道理，但不喜欢英语也不能不学啊，不然，下次考试英语又要拖后腿了。"静静妈妈无奈道。

"咱不是说过吗？学也要让孩子有兴趣地学，不然就是现在这样，加了任务之后孩子不但不去做，反而连之前轻轻松松能完成的作业都开始磨蹭了。这样吧，静静妈妈你先把任务都去掉，可以留着半小时英语阅读任务，这一周观察孩子的状态，周末的时候我去您家里看看静静，好吗？"

"好的，时间老师，您能来真是太好了。"

静静妈妈马上把之前加上的英语练习去掉了，等到静静回来，妈妈说道："今天静静做完学校作业就可以痛快地玩了。""玩什么啊？不是还有一堆英语训练吗？"静静小声嘟哝着。妈妈虽然没听清，但也明白静静在说什么，"不，妈妈都给去掉了，已经没有了。只要做完作业，你就能玩了，妈妈可以跟你一块做游戏。""哇哇哇，太棒了，妈妈万岁！"静静兴奋地喊道。

静静又回到了以前的状态，快速做完了作业，然后去做自己感兴趣的手工，还兑换了喜欢的发卡。

周末，时间老师来了，静静妈妈激动地握着时间老师的手："这几天，孩子状态很好，就是……""就是孩子玩的时间太长了，该怎么给她加任务呢？对吧？"时间老师看透了静静妈妈心中所想，"我这次就是为这个来的。"

"那真是太好了。"静静妈妈笑着说。这时候，静静听见聊天声，从房间出来了。

"你好啊，静静小可爱。"时间老师笑眯眯地向静静问好。

"你就是时间老师吗？"静静伸出小手握住了时间老师的手指。

"是的，nice to meet you.""不许讲英文，我讨厌英语。"静静突然激动起来，捂着耳朵跑回了卧室。

"孩子对英语已经抵触到了这种地步，就更不应该添加了啊，一定要先激起孩子的兴趣，让孩子在不知不觉中做新加的任务，不要让她心里有负担。"时间老师摇摇头。

"时间老师，我刚才不是故意的……"静静突然走了出来，小声说道。

"没关系，静静其实很有礼貌，老师要奖励给你一个礼物。"说着时间老师从包包里掏出来一个雕刻得很精美的小人。"这个小公主是谁啊？"静静眼睛里亮亮的。"上面有线索哦，想要知道是谁，静静就自己探索吧。"

"我知道了，一定是上面的英语，standing是站的意思，其他的我可以用字典查出来。"说着静静就去拿英文字典了。

"这是静静第一次主动去学英语，时间老师，我明白你的意思了。"静静妈妈感慨道。

不一会儿，静静兴冲冲地跑出来，喊道："我知道了，Thumbelina standing on the lotus 就是站在荷花上的拇指姑娘，啊，这个小公主就是拇指姑娘。"

"静静真是太棒了，老师要让妈妈奖励静静5个水果币。"时间老师使劲夸奖道。

"太好了，太好了，我能换一个布偶娃娃了。"静静高兴地跳了起来。

这个事例中涉及两个问题，一个是孩子坚持不下去是哪些地方出了问题，另一个是如何在适当的时间给孩子添加任务，并且让他能接受。这两个问题应该算是在实行了一段时间管理后容易出现且家长最为关心的问题。

针对第一个问题，孩子坚持不下去，潜意识就是奖励没有了吸引力，那就要从以下两个方面入手：

1. 礼物清单

礼物清单上的东西是孩子想要的吗？孩子有时候是很善变的，清单上有的礼物可能过一阵就不喜欢了，所以清单需要定期调整。

父母遵守约定了吗？孩子最喜欢的东西不能随便撤换，比如有的家长感觉孩子老是玩小汽车、小卡片这样的东西，对孩子学习没什么帮助，于是就自作主张换成了孩子也喜欢的故事书、画笔，这些东西虽然孩子也喜欢但程度不同，礼物对孩子的吸引力就会降低或消失，而父母的行为就是不遵守约定的表现，会失去孩子的信任。

再有，有的家长会问："孩子总是一有积分就兑换低级礼物，那么高级礼物他就永远兑换不到了啊，设置还有什么意义。"实际上，家长可以挑出几个容易做到的高级礼物，设置为特殊奖品，也就是说孩子换取小礼物的积分可以不清零，最后累计换取这些大礼物。

2. 任务数量

如果任务太多，孩子做完一项还有一项，那么他就会觉得反正做完了也不能玩，那还不如磨蹭不做呢，所以不要随意添加任务。

针对第二个问题，如何让孩子愿意增加任务量，也是两方面：挑起兴趣，加倍奖励。

就像案例中的静静，妈妈直接将任务添加到时间表上时，她是非常抵触的，甚至开始厌烦英语，但是时间老师却让她主动学习了英语，区别就在于妈妈的做法对静静来说是负担是沉重的，而时间老师的做法却让她感兴趣。

因此，家长们要想让孩子自愿增加任务量，要注意：

用生动的语言、特殊的物品，激发孩子的学习兴趣，再举个例子，比如想让孩子增加阅读任务，可以这么说，"宝贝，咱们玩个游戏好不好，你来扮演长颈鹿，我来扮演大象"，孩子的学习和玩乐是能够结合到一起的。

父母要多夸奖、多鼓励，正因为孩子增加的任务都是学习的薄弱项，是他们没有信心、不喜欢的内容，所以父母的夸奖就更为重要。父母在给孩子制定目标时一定不要操之过急，按照孩子的水平，再有一定要看到孩子的进步，并且要积极地称赞。

除了口头上的鼓励，实质性的奖励也是必不可少的，且奖励要随着孩子任务的增加而增加，比如多背了 1 首古诗给 2 个水果币，多背 2 首就要给 5 个。

总之，孩子们的潜力是无限的，只要有足够的耐心、爱心，再加上合适的方法，就一定能看到他们的巨大进步。

执行速度和质量不同步

案例导读

小阳是一个二年级的小男孩,他有着健康的小麦肤色,非常有活力,他最喜欢的运动就是踢足球。

这样的小阳看起来是个很独立的孩子,实际上他被父母保护得太好,因此独立性很差。穿衣服、盛饭、洗澡什么的都得爸爸妈妈来管,他自己就像个小少爷一样。小阳的妈妈经常说"孩子还小,不会做是应该的,而且他动作又那么慢,看的人着急,还不如我们帮他做了呢"。但是小阳的爸爸却不这么想,他一心想让儿子变得独立,成为一个小小男子汉。

小阳的爸爸也加入了"时间管理"小团队,听了大家的分享后,小阳爸爸迫不及待地找到了时间老师,把小阳的情况说了一遍,时间老师告诉他,小阳的关键应该是让他体会到通过自己努力获得奖励的快乐,对于他而言,作息模块、吃饭模块、学习模块都是训练的重点,不过初期,可以选择一个模块着重进行,另外两个放宽,但也不能再按照之前那样"衣来伸手饭来张口"。

小阳的爸爸听了时间老师的建议,就把"学习模块"设置成了重点项,和小阳一起列了礼物表,不过小阳最喜欢的是踢足球,这个没有办法随时满足,因为小阳自己一个人也踢不了,而且还需要场地。于是,小阳爸爸就想了一个办法,把家里一个房间铺上绿色的榻榻米,又装上小的球门模型和小足球。

小阳看见了非常喜欢,不过爸爸告诉他"足球场地"开放是有条件的,足球时间要用"积分"来兑换。"什么是积分呢?爸爸?"小阳迫不及待地问道。"看到爸爸手上的动物币和笑脸了吗？每个就代表1积分，积分可以兑换我们刚才列出来的礼物，也可以兑换足球时间。"爸爸拿着刚买来的一堆小动物纽扣和笑脸贴说道。

"听着很好玩，爸爸，我现在就能获得那个动物币吗？"

"当然了，这是你的时间表，现在是作业时间，一分钟内拿出课本作业本，就马上可以获得一个哦。"爸爸拿着一颗"狮子"在小阳眼前晃了晃。

小阳一溜烟跑到了书桌前，乖乖拿出了课本作业本，大声喊道："然后呢？爸爸。"爸爸拿着一张画好的作业清单放到了小阳桌子上："然后按照上面的顺序执行，快速写完作业。"

这一次，小阳就比之前写作业快了30分钟，爸爸奖励了他10个动物币，小阳成功兑换了20分钟"足球时间"，和爸爸玩得特别开心。最后小阳意犹未尽，问爸爸能不能让他一直玩，爸爸说："儿子，你今天表现得非常棒，但属于你的奖励已经用完了，不过你还可以继续获取积分来兑换，爸爸看好你哦。"

这样过了一段时间，小阳能够自觉写作业，速度也提升了很多，生活方面也更独立了，能够自己穿衣服、盛饭、洗漱了。

有一天，时间老师又接到了小阳爸爸的电话："小阳爸爸，又有什么好消息吗？"这两个星期以来，小阳爸爸一直在向时间老师分享小阳的好消息。

"不，这次是问题。"显然，小阳爸爸没了之前的兴奋劲儿。

"什么问题呢？"时间老师问道。

"孩子现在比之前独立了很多，也不磨蹭了，但是这速度上去了，质量却跟不上。比如，他每次起床虽然是自己穿衣服，很多时候就把纽扣系得七歪八扭的，还得我们重新帮他弄；盛饭也是，现在都不让我们帮他盛，但总是撒得哪都是；写作业就更别说了，劈里啪啦一气呵成，结果能错一半，但他可不管，做完之后，就伸着手说爸爸给我动物币，唉。"小阳爸爸叹气道。

时间老师听后，宽慰道："阳阳爸爸，阳阳以前被照顾得太好了，从来没有享受过通过自己努力获得奖励的快乐,所以刚开始会很激动兴奋,也就出现了这样的情况。"

"那应该怎么办呢?"

"可以给孩子一点小小的'打击',比如扣除相应的代金币,控制兑换足球时间的上限等,当然要把握好程度,不能扣除太多,不然会打击孩子的积极性,甚至又回到以前的状态。举个具体的例子,假如孩子自己穿衣本应获得5个代金币,但是扣子没扣好,就可以给他4个,并把原因讲清楚,如果孩子第二天做得非常好,那么就多给他补1个,之后还是正常进行。"

"好,我知道了,谢谢时间老师。"

这个案例反映的是孩子在执行时间表的过程中速度和质量不同步的问题,这也是令不少家长比较头疼的一个问题,孩子是不磨蹭了,速度是上去了,每件事都做不好,又有什么用呢?

如果孩子在执行时间表时出现了这种情况,建议家长们从以下几个方面着手解决:

第一,检查礼物兑换是否合理:如果孩子想要的奖励兑换难度太大,需要的代金币数量太多,他就会想在短时间内通过完成大量任务集够所需要的代金币,以兑换喜欢的礼物。

第二,做完作业后有没有检查:家长应该在每项作业任务中预留检查时间,待孩子完成作业后提醒或者和孩子一起进行检查,这在一开始执行时就要进行,有助于孩子养成习惯。

第三,制定相应的惩罚措施:扣除相应的代金币、减少兑换的礼物数量或时长等,让孩子意识到不能光有速度,质量也同样要保证。

第9章 以身作则：

父母的行为是最好的示范

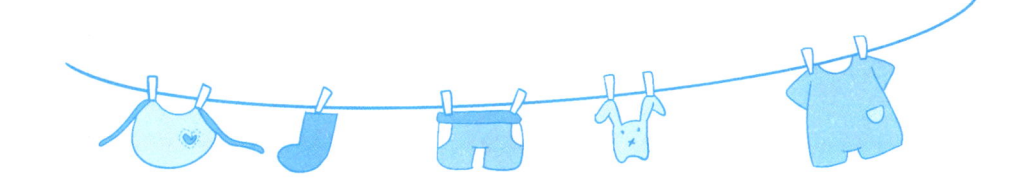

以身作则，不是劝导他人的重要途径而是唯一途径。想要说服别人，行动是最有效的办法。教育也是一样，教育孩子首先要父母做好榜样，父母的行为才是最好的示范。

孩子都喜欢模仿，他们在模仿中学习成长，但是他们不会去鉴别模仿对象的好坏。对于孩子来说，父母的行为对他们有着一种强烈的暗示和感染力量，他们会不知不觉地学习父母为人处世的方式。潜移默化之中，孩子就会变成父母的样子。

比如，有些父母喜欢玩游戏，孩子从小就会打游戏；有些父母经常搓麻将，孩子也能很快学会；有些父母愿意关心他人，孩子也会体谅帮助别人；有些父母喜欢读书，孩子也会乐于阅读。不管是优点还是缺点，孩子都会跟着父母模仿，从孩子身上就能看到父母的影子。

父母想得到一个什么样的孩子，就先让自己成为这样的人。所以"教育的最大秘诀就在于以身作则"。每个身为父母的人都不是完美的，我们在教育，同时也是在学习，教育孩子的过程也是自我圆满的过程。这个过程可能不会那么快完成，但是请相信润物细无声的力量，坚持下去，总有一天，你会发现孩子的一切都是你想要的样子。

与其改变孩子，不如先从自己做起

很多父母都在寻找能够让孩子学会并掌握的时间管理的方法，然而，方法用了很多，却依然没有效果，原因何在呢？

比如，教孩子把一天的时间安排列成表格，每个时刻都安排好应做的事项，只要按照表格来做就可以了。孩子却总是做不到，不按时间安排来做，跟孩子询问原因，他要么说不想做，要么觉得自己根本做不完。父母们自己没办法让孩子管理好时间，所以就想着向外界寻求帮助。

于是让孩子去参加各种关于时间管理的培训、训练，训练最初的时候，父母也能看到孩子的改变，觉得有效果，就把希望寄托在这些训练上面。然而到了家里，却又放松了对孩子的要求，甚至自己做得都不够好。

由此我们知道，大部分孩子无法管理好时间，根源其实在父母身上，父母没有给孩子树立正确的典范，反而让孩子从自己身上学到了各种坏习惯，变得越来越懒散。周末不睡到自然醒不起床，根本没有具体的时间安排；想要走亲访友，也没有提前的准备，跟人约定的时间要到了才去准备礼物等。

父母所有的这些行为，孩子都看在眼里，他们会自然而然地学会父母这些不在乎时间的行为方式，孩子之前学到的那些正确的方式也慢慢地摒弃了。可见父母对自己时间进行有效管理的重要性。你给孩子立了规矩，自己却不遵守，你的言行没有任何的说服力，孩子没有得到正向的引导，自然不愿意做好自己的时间管理。

那么，如何做好孩子的时间管理呢？与其一味地要求孩子，不如先从自己做起，先管理好自己的时间。

父母们合理地规划好自己的时间，把时间观念、时间管理的意识烙印到生活的点点滴滴中，让合理安排时间成为一种习惯甚至本能，先给孩子树立一个好的榜样。

那么作为成年人，我们应该怎么管理自己的时间呢？

我们可以选择以下方法：

1. 四象限法则：即把事情根据"轻重缓急"分为四种类型：重要且紧急的事项，重要但不紧急的事项，紧急但不重要的事项，不紧急又不重要的事项。把每天要做的所有事情，按此分类并排序进行安排。

2. 番茄工作法：选择一个待完成的任务，将番茄时间设为25分钟，专注工作，中途不允许做任何与该任务无关的事，直到番茄时钟响起，然后在纸上画一个 X 短暂休息一下(5分钟就行)，每4个番茄时段多休息一会儿。

成年人进行时间管理的方法很多，从教育孩子的角度，我们建议做好以下几方面：

1. 抓住重点，简化流程。"大智有所不虑，大巧有所不为"，我们每个人都不是全能的，也不需要面面俱到，掌握关键才能抓住时间管理的诀窍。我们要把主要的时间精力放到最重要的事情上，去除不必要的流程，尽量把每天的时间安排得更简单，越简单的安排越好操作，越容易让时间管理更顺利地执行。按照四象限法则，和孩子共同确定事情的轻重缓急，留下重要紧急的事项，放弃不紧急也不重要的事项，孩子也能慢慢学会取舍。

2. 时间可视化管理。把每天的24小时按照工作、日常、学习、运动等划分成几个区间，每个区间包含的任务再进行细分，任务精确到分钟。任务列出之后，可以用图表的形式记录到纸上。或者可以利用手机等电子设备上附带的便签记录下来，有些软件做得非常直观，使用很方便。

然后在进行任务的显著位置放置闹钟，按照任务所需时间区间设置闹钟，提高效率，严格按照闹钟时间进行。

3. 利用好零碎时间。 每天总会有很多零散的时间，比如排队、乘车、走路等，这些时间可以用来和孩子温习一下学过的课文、单词、数学公式等，也可以和孩子对之后的时间做预先的安排。要利用好零碎时间，首先要事先准备好那些可以在碎片时间做的事，到空闲时间就可以拿出来做了。

4. 互相监督。 把自己放到和孩子平等的位置。父母想要监督孩子时间管理的进程，首先允许孩子对自己进行监督。特别是那些需要和孩子一起完成的任务，亲子双方都要明确目标和起止时间，互相监察完成效果。

5. 考虑到不确定性。 计划没有变化快，在时间管理过程中，需要考虑到不确定事件，预留出处理突发事件的时间。并且在不忙的时候就尽量把重要程度高的事件尽快处理好，以免突发事件发生时打乱计划。也传递给孩子这样一个态度，要系统全面地看待时间管理，并尽量控制好节奏，以使目标顺利达成。

综上，在改变孩子之前，父母们不妨先改变自己，把自己的时间管理做好，变成优秀的父母，让孩子以你为荣，言传身教，孩子自然也愿意做好自己的时间管理。

父母的负面情绪会燃起孩子的无端之火

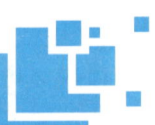

很多无法控制好自己的时间管理、没有时间意识的孩子，还会表现出情绪自控力弱、过度情绪化、不易安抚等特点。

那么，为什么会这样呢？我们可以理解为，自控能力是一体的，既包括对时间意识的控制，也包括对情绪的控制，一个人如果无法控制好情绪，总是处于失控的状态，我们是没有办法要求他能够拥有强大的时间控制能力的。所以经常情绪失控的孩子，根本谈不上进行任何时间管理。如何解决孩子的情绪问题进而实现有效的时间管理呢？

从家长与孩子亲密关系的角度来理解，孩子的情绪失控，往往都是父母在教育过程中出现问题的反馈，其中最重要的一点就是，父母经常用自己的负面情绪影响孩子。

案例导读

美美是个二年级的小学生，平时学习挺自觉的，按理说应该成绩不错，但是美美这次期中考试成绩在五十人的班里却排到了三十几名。问题就出在情绪上，我们来看看是怎么一回事吧。

这天是个周一，美美爸妈又开始吵架了。

"你整天玩游戏，孩子作业还没写完呢，你都不管管？"美美妈拿着炒勺从厨房探出头来。

"你还不是一样，整天网购，眼睛都长到手机上了，孩子作业你怎么不管？"

第9章 以身作则：父母的行为是最好的示范

美美爸气急败坏地指责美美妈。

"我这不是做饭呢吗？等做完饭，再吃饭，吃完都几点了？现在不管，孩子又要晚睡了。身体怎么长好？再说我网购也是孩子不在家的时候，也没耽误孩子呀！你讲不讲道理？"美美妈不服气。

"我也不过就玩了十分钟，你就叨叨个没完，你烦不烦？"

两个人你一言我一语，吵得不可开交。在卧室写作业的美美捂着耳朵，作业都写不下去了。她实在不想每天都听到父母这种无意义的争吵，她也想赶快把作业写完，这样就有时间做其他事情了。正想着，卧室外边传来摔东西的声音，父母的矛盾又升级了，吵得她头疼，看来作业是写不下去了，她受够了！

她"嚯"地一下打开卧室门，又"咣当"一下甩上门，对着父母喊："你们整天吵吵吵，还有完没完？我的作业不用你们管，我也不写了，行了吧？"

美美爸妈被女儿的话镇住了，停下手上的动作，待在那里。过来一会儿，他们才反应过来，"闺女，我们不吵了！你快去写作业吧，要不写不完了，啊！"

"我再也不相信你们了！每次都说不吵了，说完又吵，我每天都不能安心写作业，浪费了那么多时间，成绩都退步了！总这样，我根本就赶不上别人！你们也不可能会改变！反正已经这样了，我成绩好不了，我们家也好不了，我还学什么？"美美哭着跑出家门。

在上面的案例中，我们能够看到，美美本来是拥有自我控制的意识的，至少她是知道时间的重要性的，可是，因为父母长时间负面情绪的传导，让她的内心也产生了强烈并持久的负面情绪，这种情绪导致她比较消极地面对问题，她对自己和家庭的未来慢慢地不再抱有期待。

当这种现象越来越频繁地出现时，一个懈怠、懒散的孩子就形成了，她不在意时间怎么利用，反正处于这样的环境中，再努力维持也改变不了现有状况，还不如放弃，反正没什么两样。因此父母情绪的好坏直接影响到孩子的时间管理。

所以，想要解决这个问题，父母应该避免自己的不良情绪影响到孩子。

在亲密关系里面，父母应该扮演好自己的角色，注意对自我情绪的控制，尽量不要让孩子看到失控的自己。

具体来说，我们认为可以有以下几个方法：

1. 有情绪的时候先闭上嘴，停顿10秒钟，深呼吸3到5次，让自己慢慢平静下来。先想一想自己为什么会有这种情绪，这种情绪直接发泄出来有什么后果？能不能把情绪转化一下，换一种方式表达？

2. 及时止损，尽快开启问题解决模式。如果问题已经出现，并开始产生不良后果，这个结果已经不能改变，再花时间精力去纠结也没有任何意义。那么就承认这个事实，接受这个结果，再想办法尽快解决问题，而不是把矛盾激化，让情绪升级。

3. 承认自己的错误。像上面美美的父母，可以主动向孩子承认错误，不要再推卸责任，针对目前的问题做出改变，做到以后不再犯同样的错误。

4. 做一些放松训练。父母们每天要处理很多事情，面对很大压力，容易产生诸多负面情绪，如果不能有效减压，清除负面情绪，那么在不断地积累之下，人的心理和身体都会失衡。所以每天给自己几分钟时间，在一个安静的环境下，选一个放松的姿态，闭上眼睛，控制好呼吸，慢慢地呼气吸气，进入一个冥想的状态，和自己达成和解。

因此，父母的情绪深刻地影响着孩子的情绪，而能不能很好地控制情绪也决定了时间管理的成效，想要孩子做好时间管理，从源头上，父母要先调节好自己的情绪，控制情绪的出口，给孩子创造一个温馨和谐的生活学习环境，让孩子不再为负面情绪所困扰，为养成良好的时间管理习惯清除一切障碍。

亮出"时间管理成果",激起孩子的"欲望"

家长们和孩子们一起做时间管理的时候,是不是经常遇到这样的情况?刚制定好时间管理计划的时候,孩子们跃跃欲试,想要大干一场,仿佛看到未来硕果累累,可是坚持了没几天,当初的劲头就没了,一提到时间该做哪项作业了,孩子也反应平平,没了计划初定时的积极性。

问题出在哪里呢?其实换位思考一下,如果让大人坚持做一件短时间看不到具体成果的事情,是不是也不容易坚持?因为这个坚持的过程特别需要意志力,甚至需要强迫自己克服抵触情绪。孩子也是一样,他们的天性都是喜欢简单直接,没有太长的耐性。

一件事情如果需要很长时间才能看到成果,孩子们是很难坚持下去的,所以针对这个问题,家长们需要时不时地亮一下时间管理的成果,让孩子们看到,他做这件事是有进步的,而且每天都在进步,他也知道父母对他的坚持是肯定的,那么得到正向的激励后,孩子的内心也能不断得到满足,就会有坚持下去的愿望。

案例导读

芳芳上小学三年级,是个活泼可爱的小姑娘,声音清脆好听。班主任老师发现她这一特点后,建议芳芳妈妈注重培养孩子朗读方面的才艺。妈妈和芳芳商量过后,给她报了兴趣班,并且每天除了学习生活,固定安排一小时的时间练习朗读。

最初因为过程比较辛苦，芳芳每次都不情不愿的，但是妈妈坚持每天陪她上课和训练，到时间就提醒芳芳。并且芳芳每次朗读，妈妈都会帮她录音。每当芳芳想要放弃的时候，妈妈就把最新的录音和芳芳之前的录音放出来给她听，指出芳芳进步的地方。

渐渐的，芳芳对朗读更加得心应手，对自己有信心了，就坚持了下来。后来在市里举办的一次朗读比赛中拿了第二名的好成绩。妈妈说："芳芳，你看，咱们每天的坚持得到了回报，开心吧？""恩，妈妈，谢谢您每天陪我练习，以后我还要更加努力地练习朗读！"

在上面的案例中，芳芳妈妈的教育无疑是成功的，她通过孩子每天一点一滴的进步，提醒孩子坚持的意义，让孩子对自己有信心，最终得到好的成绩，孩子看到更大的成果，更加坚信时间管理的益处，从而激起了孩子主动学习的"欲望"。

把时间管理的成果展现在孩子面前，越直观越好，我们不必拘泥于一种形式，只要能达到激励孩子的目的就是好的方法。

具体来说，我们可以采用以下几个小方法：

展示墙

假如孩子学习画画，那么父母可以把孩子的画作挂在墙上，每一幅画的旁边都仔细记录：作画的时间，孩子当时学了哪些技巧，父母或老师的正向评价，肯定孩子的进步。平时看到这些画作，也可以驻足欣赏一下，加强一下肯定的意味，那么孩子受到的激励不断地得到巩固，他就会想画出更好的画，得到更大的肯定。

不止如此，孩子上学考试获得的奖状等都可以挂起来，父母时不时地提一下孩子的好成绩及取得的进步。

第9章 以身作则：父母的行为是最好的示范

时光沙漏

准备一些小纸条，卷成卷，最好是彩色的，装在透明罐子 A 里，再准备一个同样的透明罐子 B 摞在下面，这样整体看起来像个沙漏的样子。然后在罐子表面贴上"时光沙漏"这个名称，这四个字用荧光笔加粗写，这样即使晚上也能看到。每天只要孩子有进步，就把这些点滴成果记录在小纸条上，还是卷成卷，放到罐子 B 中。告诉孩子，在时光的流逝中，你也取得了进步，你的时间没有白费，时光会带着这些成绩跟随你走入你接下来的人生中，坚持努力，你取得的成绩会更好，罐子里那些小纸条就是最好的证明。

幻灯片

假如你的孩子学习舞蹈这一类侧重于形象的才艺，那么家长不妨把孩子每次练习的情景拍下来，选取一些有对比性的照片，重点是要能较容易看出孩子的进步。把这些照片按顺序做成幻灯片送给孩子，孩子一定会感到父母的用心和对他成绩的在意和肯定。

其实这些方法无非就是形式的不同，本质都是让孩子看到时间管理的成果，以便给孩子正向的激励，使他有坚持时间管理的动力。每个孩子都是不同的，父母了解自己的孩子，可以采取孩子更喜欢、更容易接受的方式。

家长们可以根据九型人格对孩子性格进行划分，分析你的孩子是哪一型，然后有针对性地采取措施。

如果你的孩子是完美型人格，那么这类孩子本身对自我的期许就很高，所以他自己就会去注意做事的成效，但是由于过分强调细节，管理时间的时候，容易导致"拖延"。父母可以侧重于展示他迅速行动的一些表现，引导孩子自我完善。

如果孩子属于力量型人格，父母可以着重于情绪控制方面的引导，为孩子准备绿色的笑脸贴纸，在墙上显眼的位置贴一张白纸，每次他能控制情绪的时候，就在白纸上贴一个笑脸，笑脸贴得越来越多，他就相信自己也能控制好情绪了。

而对于平和型的孩子，由于性子慢，你不能要求他们很快速地转变，而且他们的转变需要持续的激励，重点是得让他们行动起来，那么在效率方面只要有任何进步，家长就要及时总结，点明他们的进步，让他们把注意力集中到提高效率这方面，不断地强化他的这种意识，以弥补不足。

孩子的性格是复杂的，有时候不只表现出一种人格，这就需要家长充分了解自己的孩子，采取合适的方式。

采取"约定"的方式，激发孩子主动性

时间管理需要在限定的时间内完成任务，这其实就像是完成约定的过程。如果我们能够让孩子懂得守约的重要性，那么在进行时间管理的时候他们就更愿意主动坚持。所以我们可以采取"约定"的方式，激发孩子的主动性。

那么首先需要约定一些事情，在约定的过程中要尊重孩子，通常孩子在得到尊重的时候，更容易配合。约定时，我们可以按照以下三个步骤进行。

1. 父母和孩子心态平和地坐下来讨论需要做出哪些约定，不要随意否定孩子的主意。

2. 在讨论的过程中，我们要确保每一个人都有机会分享他的想法，并且，当对方分享的时候，我们要学会倾听，不随便打断对方说话，同时确保给每个人足够的时间。

我们可以用沙漏来计时，规定每个人有五分钟的时间发言；或者也可以抽签，谁拿到了上签，谁就有说话的权利，其他人不可以打断，时间到了我们再去提醒。这个过程非常重要，因为这里体现民主和尊重。

大家畅所欲言，每个人都可以大胆地表述自己的想法，这一过程中，不要进行任何评判。

3. 接下来讨论一下每个想法的利弊，然后我们可以去掉不可行的想法，去掉相互不尊重的想法，去掉不能真正解决问题的想法。到最后，从剩下的想法中，选择大家都认同的想法。

这样我们就得到了一个约定。然后，我们要规定约定完成的时间，这个时间也是双方可以接受的时间。

下一步就是约定的达成了。

我们要注意，在亲子关系中，父母一定要以身作则，完成跟孩子的每一个约定。如果是已经跟孩子约定好的事情，父母却没有做到，那么就要承担相应的后果。如果遵守约定做到了，就可以得到相应的奖励。同样的原则也适用于孩子。

例如，提前约好，上午一起去商场，如果父母没有按时出发，就要答应给孩子买一样喜欢的东西（提前列好清单，每次从清单中选一样，以免执行过程中出现分歧），如果孩子没有准时出发，父母可以要求孩子在规定时间内做好一件事，如果仍然没有完成，取消下一次从清单中选择物品的权利。

父母要尽量遵守约定，没有完成约定时，一定要按要求接受惩罚。因为这正是给孩子树立榜样的时候，父母必须要认真对待。孩子没有完成约定时，如果因为失去选择物品权利哭闹，父母要用温和的态度坚持原则，不能随便妥协。但是只要孩子完成约定，那么答应孩子的一定要做到。要坚定地把规则贯彻下去。

再比如，针对情绪管理，父母可以跟孩子约定，互相都不能随便发脾气，看对方要发脾气了，提醒对方先深呼吸几下，然后再说话。能够控制情绪的一方，就得到一张特权卡，可以要求对方做一件事，没做到的就减少一张特权卡或者被要求做一件事情。作为奖惩的这些事项也要提前列好，避免双方不能达成一致时导致争执，浪费时间。

这样做的目的就是让孩子知道，在约定或者规则面前，大家是平等的，没有谁例外。约定好的就要遵守，遵守了就会有相应的收获，不遵守理应受到惩罚。

那么孩子想要得到好的结果时，他就知道必须遵守约定才能达到目的。要想得到自己想要的东西，只能主动按照约定去做，除此之外，任何其他手段都行不通。在这样的认知之下，孩子的积极主动性就容易被激发出来。

第9章 以身作则：父母的行为是最好的示范

案例导读

周末，妈妈要带小乐去商场。因为有之前的经验，妈妈知道小乐经常是看到什么就想要什么，所以这次出门之前和小乐做了约定：去商场只能选择一样玩具，而且得是家里没有的类型。如果小乐遵守约定，妈妈必须要满足小乐的要求；如果小乐不遵守约定，那么以后不再买任何玩具。

到商场后，一开始小乐都能忍住，喜欢的也没跟妈妈要。直到后来看到一个猪猪侠的有声玩具，他再也忍不住了，站在橱柜前挪不开步，他兴奋地跟妈妈说："妈妈给我买这个吧！"

妈妈看了看说："家里有猪猪侠的玩具哦。"

"可是家里那个穿的衣服不一样！"

"差不多啊，都是能说话的，都是猪猪侠，一个类型，不能买的。你可以选一个别的。"

"不行，我想要穿红衣服的猪猪侠，更威风！"

"小乐，我们有约定的！"妈妈认着地看着小乐，毫不退让。

想到再要就什么都得不到了，小乐只好作罢，怏怏不乐地走在后边。

走了一会儿，妈妈停下来说："小乐，你看这个玩具怎么样？"

"能怎么样，你选的肯定不好玩。"小乐慢慢抬起头，发现眼前是一种没见过的玩具，他有点好奇了。在导购阿姨的示范下，他看到这个小房子一样的玩具一会儿亮了灯，一会儿风扇转动起来，看起来好神奇呀，似乎比猪猪侠还要有趣！

他把玩具紧紧抓在手里问妈妈："妈妈，我能要这个吗？"

"当然啦，我们约定好了的！"

"哇,妈妈说话算话！还那么会选玩具,我下回也要听妈妈的话,说到做到！"

"好啊，回家咱们再做下一个约定好不好？比如，如果按时完成学习计划，就会有更多惊喜！"

"好啊好啊！"

后来小乐每按时完成一天的学习计划，妈妈就会发给小乐一张通行证，集齐七张就答应小乐一个商量好的要求，如果一直不兑换，集齐三十张就带小乐去卡通乐园玩。妈妈以为以小乐的急脾气，七天就会兑换，没想到他认真坚持完成每一天的约定，真的集齐了三十张，终于可以去卡通乐园了。

这就是约定的效果。所以家长通过遵守对孩子的约定，让孩子看到效力，从而激发孩子的积极性、主动性，并把这种积极主动运用到时间管理中，就能够很显著地提高孩子的执行力，顺利地达成时间管理。

而且，这样的训练长久地坚持下去，孩子就会养成信守承诺的好品质，不会随意地践踏规则。

培养优秀儿童，父母要做到的准则

其实我们从前面的章节也能看到，时间管理的本质是管理自己的行为。作为父母期望自己的孩子做好时间管理，成为优秀的儿童，那么就应该以身作则，首先管理好自己的行为，不能过分随意，应该让我们所有的行为都有可遵循的准则。那么需要遵守哪些准则呢？

目标明确

我们所有的行为都围绕明确的目标展开，那么我们的行为就会更有效率。目标可以分为长期目标、中期目标、短期目标等，这样每个时期都有一个方向指导我们的行为。比如，某一天可以设立一个目标：带孩子去景区游玩，指导孩子完成一篇图文日记；中期目标可以是：每周带孩子去名胜古迹或者游乐场游玩，并完成一篇图文日记，半年之内达到让孩子可以自己写图文日记的目标。长期目标，可以以年为单位：今年之内，帮助孩子提高班内的名次，前进15名。

需要注意的是，设定的目标一定要明确，一目了然，孩子看到你的目标也能很清楚你要做什么；同时要可量化，要完成多少，完成到什么程度；要可以实现，目标太高远，一看就让人望而生畏，会打消人的积极性；最后要注意时间限制，这也是时间管理本身的要求，在规定时间内更好地完成任务。

目标明确之后，最好把它写下来，贴在家里显眼的位置，每天提醒自己，加强印象。

要事第一

现代社会，科技的进步扩大了人们的视野，每天我们都面对各种繁杂的信息，如果来者不拒，统统接收，势必会疲于应对。因此需要我们确定哪些事是最重要的，做到要事第一，其他没有必要的事可以不做，这样才能把有限的时间集中起来，做那些对我们来说真正重要的事情。

如果确定孩子的教育是第一位的，就优先安排教育的事情，什么看电视、玩游戏、和别人闲聊这些可做可不做的事情，就统统不要去做。如果也有对自己重要的事情，像健身，不紧急的话，就和教育时间错开，安排到另外的时间去做。总之一定要明确第一原则是什么。所有其他的事情都要为第一原则让路。

抓住重点，有选择地做事，这是一种需要传递给孩子的态度。孩子从父母身上学到了这样的态度，做事会懂得取舍、勇于决断，不管是对时间管理，还是对他以后的人生都有莫大的益处。

平时在做时间管理的时候，父母可以有意识地考考孩子，把几件事摆在一起，告诉孩子当时的背景，让孩子自己做选择，帮孩子分析每种选择的利弊、可能的后果。让孩子逐步学会权衡取舍，这样不管是生活还是人生都会更加简单轻松。

精力专注

我们每天都要做很多事，一个时间段同时面对几件事也是正常的，如果同时做几件事，显然不能保证任务完成的质量，而且不停在多任务之间切换，人的大脑也需要反应和适应的时间，这样也是对时间的浪费。因此我们需要坚持，以专注的精力一次只做一件事。在规定的时间内，专注于当前的任务，其他的事情等过了这个时间再说。

教育孩子也是，让孩子养成安心做好一件事再做下一件事的习惯。孩子做事的时候，不要让任何其他人和事去打扰他，以免分散他的注意力。

良好的注意力，是大脑进行感知、记忆、思维等认识活动的基本条件。在我们的学习过程中，注意力是打开我们心灵的门户，而且是唯一的门户。门开得越大，我们学到的东西就越多。而一旦注意力涣散了或无法集中，心灵的门户就关闭了，一切有用的知识信息都无法进入。

第 9 章　以身作则：父母的行为是最好的示范

比如，孩子在做数学作业，你就不能再问他："宝贝，今天英语作业是什么？"又比如孩子在玩玩具，让他选定一种玩具之后，就要把其他玩具都收起来，让他专心玩一种玩具。时刻都要注意培养孩子的专注力，为时间管理打下良好的基础。

执行力

任何事情想要做成都需要强大的执行力，尤其是时间管理。执行力是把愿景、目标转化成成果的关键所在。它要求的不仅是贯彻下去的能力，还需要迅速反应。没有执行力，前面所有的计划都是空谈。

然而大多数人并不具备执行力，那么就需要我们主动去培养这种能力。

我们可以采用互相监督的方式。在亲子关系中，正适合父母和孩子的互相监督。你检查孩子任务完成的程度，孩子也监督你事情执行的力度，互相提醒，一起进步。这样孩子也能站在主导的位置，他会更有责任感，也能换位思考，更容易接受大人对他在时间管理方面的要求。

可以通过训练，父母和孩子各自选择时间表中的一项，互相给对方计时，力求在规定时间内完成任务。经过多次巩固训练，逐步培养执行力。

执行力的培养不可能一蹴而就，这是一个循序渐进的过程，我们需要坚持和耐心。

综上所述，教育孩子首先要求父母做的就是做好自己。严格要求自己，先把自己打造成优秀的父母，让孩子以你为荣，为你自豪，有父母的好榜样，不需要唠叨责骂，也不必焦头烂额，孩子自己就会主动跟你学习。因为优秀是每个人向往的品质，何况你已经用言传身教的方式，告诉孩子如何走在一条让自己变优秀的路上，大门已经打开，更好的未来努力就到，你说孩子会怎么选择？

诚然，时间管理需要付出很多精力，需要做出很大改变，需要强大的意志力，这不是一个容易的过程，然而父母们靠什么坚持走下去呢？我想应该是对孩子的爱，唯有爱，让我们向前。

第 10 章 亲子关系：

以爱为出发点，事半功倍

高尔基说："爱孩子，这是母鸡也会做的事。"但是父母们望子成龙的急切和孩子需要被理解的渴望总会有冲突。你是不是经常用这样的方式表达对孩子的爱呢？"宝贝，你今天练琴很用心，老师都夸你进步很大，想吃什么随便选。"或者这样"宝贝，你期中考试成绩很好，爸爸妈妈很开心，作为奖励，周末带你去卡通乐园，高兴吗？"又或者这样"我亲爱的宝贝，升学考试考了第一名，简直太棒了！说说，假期想去哪里玩，想买什么？爸爸妈妈都满足你！"

作为父母，我们惯用奖励，表达爱的时候也是如此。可是你知道孩子的感受吗？这样的爱会让孩子认为，只有他们表现好的时候爸爸妈妈才会爱他们，爸爸妈妈对他们的爱是有条件的。听起来是不是很心疼孩子？所以我们应该如何爱孩子呢？爱他们本来的样子吧。不管孩子做事是否让你满意，成绩是否优秀，你都要爱他，要让孩子明白，你爱他不是因为任何外在的附加条件，你爱他，是爱他本身。

父母的爱是孩子成长的动力，是孩子成长路上的加油站，让孩子知道自己是被爱的，在成长的路上，他们就会像小汽车一样，跑得越来越快。所以教育想达到事半功倍的效果，就先学会爱自己的孩子吧。

斥责和唠叨，只会让孩子越来越反感

作为父母，我们对孩子是爱之深、望之切，总是希望自己的孩子是最优秀的，一旦孩子某一次不能满足我们的期望，我们就会担心失望，带着"恨铁不成钢"的心态，动辄唠叨责骂。孩子一旦不满、反抗，父母经常会说："我还不是为你好？"觉得自己一切的出发点都是为了孩子，所以做什么都不为过。其实父母爱孩子的心情是可以理解的，但是这种爱孩子的方式是否正确呢？

其实看看孩子的反应就知道了，如果在孩子身上没有得到一个期望的效果，甚至起到了相反的作用，那么父母就应该反思一下，我们是不是应该换一种方式表达爱。

案例导读

涵涵是个二年级的小学生，性格内向，平时成绩不错，也很听话。他的妈妈脾气急躁，对他要求很高。只要涵涵考试没考好，不管什么原因，必定是他妈妈练"狮吼功"的时刻。我记得刚认识他们的时候，他妈妈在朋友圈发过一条动态"教育孩子，狗都被吓趴下了"，后面带着一个无奈的笑脸。在那一刻，我有些明白孩子内向的原因了。

我相信涵涵妈妈是爱孩子的，只是她过于急切看到成果。她说自己没有实现的愿望总希望在孩子身上实现。所以她不允许孩子失败。于是内心的恐慌和焦虑促使她采取最直接的方式——不断地斥责。

孩子感受到来自妈妈的巨大压力而无所适从。其实本来他的成绩是不错的，每天也会做很多试题,作业完成得很快。但是最近的暑假结束后,听他姥姥说,孩子还有很多作业没写完,而且整天就只愿意跟姥姥在一起。

有一次,涵涵到我家里来做客,晚上的时候,他妈妈打电话过来,问他晚上要不要跟爸爸妈妈一起,他没好气地说:"不想去!姥姥会来接我的!"说罢就挂断电话。我问他怎么对妈妈这样说话呢?他说,妈妈就是这样对我的,我就应该这样对她。

这个案例中,我们能看到,斥责和唠叨对于教育起不到正向的作用。其实孩子大约在三四岁的时候就开始有自己的想法了,他们不再喜欢父母总是对着他们重复同一件事。

年龄再大一点之后,孩子开始出现自我意识,父母反复地说教、斥责以及他们高高在上的态度都会引起孩子的反感。他们会认为父母不尊重他们,所以就会表现出发脾气等对立的情绪,甚至是摔东西、打人等更加激烈的反抗行为。而孩子的反抗势必会引起父母的不满,这时候父母如果不深入分析,还用更加强烈的态度去斥责命令孩子,那么亲子关系就会变得紧张。

孩子觉得自己不被理解,就会对我们关闭心门,对父母的话充耳不闻,不愿沟通。因为父母给孩子的压力太大,孩子如果不能次次反抗,就会采取一种消极的不合作的方式,不理不睬。父母爱怎么说就怎么说,孩子照样我行我素,对父母敬而远之。

长此以往,父母和孩子之间缺少沟通交流,势必会使亲子关系更加疏远。这样,父母再想教育就困难了,会有不得其门而入的无力感。你让他写作业,他要么假装没听到,要么就是拖拖拉拉,半天也完成不了。时间管理无从谈起,因为你首先要缓和亲子关系,这是一个亟待解决的大问题。

如果事情已经发展到这一步,我们要如何解决呢?

最主要是了解孩子的想法。其实每个孩子都是愿意努力，愿意学习的。但是如果一直被否定斥责，孩子慢慢就会发现：我付出了很多努力，但是只要没有达到你的要求，我得到的就是被批评，既然你觉得我这么差，我干脆什么都不做好了，反正得到的结果是一样的。

孩子感到他的努力没有任何意义，于是就放弃了，这样自信心也逐渐消耗殆尽。如果状况得不到改善，孩子很快将滑入"习得性无助"的深渊，对自身产生怀疑，觉得自己什么都不行，觉得现实无望，最终会放弃一切努力，并陷入绝望的境地。听起来是不是很可怕？父母还会觉得斥责也是因为爱孩子，所以不是什么大问题吗？

所以父母们，如果发现孩子有这样的征兆，就请停止一切的批评吧。也请相信，即使你不再唠叨斥责了，孩子也会了解你的期待，他需要的是父母正向的关注，一旦他的这种期待得到满足后，慢慢地他也能放下反感和戒备，愿意坐下来和父母好好沟通，直至敞开心门。我们想要的无非就是孩子往好的方向走，越来越优秀，所以用正确的方式去爱孩子吧！

信任和鼓励，能让孩子行动加速

人在刚出生时几乎是没有自我意识的。什么是自我意识呢？通俗来讲就是自己对自己的认识，能意识到自己的身体特征和生理状况；能认识并体验到内心进行的心理活动；能认识并感受到自己在社会和集体中的地位和作用。

人的自我意识是在与其他人或事物互动收到反馈的过程中形成的，当一个人接收到的外界反馈一直是消极的时候，他对自我的认识也会在很大程度上偏向于消极。一个总是被贬低、总被批评、总被怀疑的孩子，往往也会对自己产生怀疑，进而自我否定，形成消极的人生态度，这样的孩子能塑造出怎样的自我？这个自我多半是"笨拙的""讨人厌的""没用的""丑陋的"等用所有不美好的词堆积出来的。而当孩子产生这样的自我意识后，他必定会丧失自信心，对所有的事情都提不起兴趣，不想行动不敢尝试，自我封闭。

相反，如果一个人接收到的外界反馈总是积极的，那么他对自我的认识也会偏向积极，性格中自信乐观、果敢坚毅的因素更多，也更勇于行动，敢于挑战，不断提升自己。

而人最早的自我意识是在与父母互动的过程中形成的，也就是说父母对孩子的评价和态度，严重影响着孩子对自己的认识。

总是受到父母斥责、否定的孩子和总是受到鼓励、信任的孩子，行动力、执行力、自信心等都会有很大的差距。

第10章 亲子关系：以爱为出发点，事半功倍

> 案例导读

案例1

早上，小英妈妈早早起床做好了饭，接着喊爸爸和小英起床。爸爸很快起来了，小英却赖在床上一动不动，妈妈好说歹说才把女儿从床上弄起来，好不容易洗完漱，时间已经剩下不多。可小英还是不紧不慢，一会儿愣神一会儿而玩别的东西，就是不好好吃饭，妈妈见状很是生气，大声呵斥道："你怎么回事，怎么这么不听话？妈妈那么早起床给你做饭，你却像个蜗牛似的，一直磨磨蹭蹭，再这样我就不管你了！"小英被突如其来的喊叫吓了一跳，哇哇大哭起来："我讨厌妈妈，妈妈太坏了！"

爸爸听到哭声把妈妈推到了卧室，接着安慰了小英，待小英情绪稳定后，爸爸说道："妈妈今天非常累，所以脾气有点大，爸爸知道小英是个懂事的孩子，不会怪妈妈，对吗？"小英点了点头，爸爸又说道："其实妈妈是害怕小英上课迟到，你看时间已经快到了，爸爸相信小英这一次会乖乖吃饭，然后准时去学校。""嗯！"听完爸爸的话，小英点了点头。

案例2

明明和刚刚的妈妈去学校参加家长会，会后被班主任叫到办公室进行谈话。班主任对两位妈妈说道："别人家孩子都特别乖，就你们家的孩子在座位上一分钟都待不了，怎么说都不管用，会不会是有什么问题？"

回到家后，明明问："妈妈，老师跟你说什么了？"妈妈说道："宝贝，老师表扬了你，她说原本你在座位上一分钟都待不了，现在能坐三分钟了，进步很大。"明明听后非常高兴，马上乖乖坐到凳子上："妈妈，我还能坐更长时间呢？"妈妈听后鼻子一酸，欣慰地抱住了明明。

而刚刚的妈妈的做法则完全不同，她气冲冲地把孩子叫到跟前，质问道："你

在学校干什么了，惹老师生气，你怎么什么都做不好，看看别人家孩子，比你小的都比你会得多，你怎么那么笨呢？"孩子听后，低着脑袋一声不吭，默默地流下了眼泪。

在这两种完全不同的教育方式下，明明越来越开朗自信，像妈妈所鼓励的那样，表现得越来越好，从一个坐不住的孩子变成了一个老师同学眼中的"榜样"；而刚刚越发不爱说话，做事磨磨蹭蹭提不起兴趣，常常低着头，还处处和老师、父母反着来。

这就是鼓励和信任的力量，孩子的内心深处需要的是温暖的阳光，而非凛冽的寒风。

也许有家长会问，这是不是就意味着不能批评孩子，不能说孩子一点不好？当然不是，孩子由于心智水平不高、经历不足，犯错是常有的事情，批评是不可避免的，关键是怎么批评，选对了方式，批评也可以是鼓励。

著名教育家陶行知先生做校长时，曾看到一个班级的孩子用"石头"吓唬人，他便让这个孩子一会儿到办公室去。小孩忐忑不安地走进校长室等待批评，陶行知先生走进来却从口袋里拿出一颗糖："你准时来了，我却迟到了，奖励你一颗糖。"问过事情原委后，陶行知先生又拿出一块糖说道："你是班长，在管理学生，我错怪你了，再给你一颗糖。"班长听完，羞愧地低下了头，承认了自己的错误，陶行知先生见状又给了他一块糖："知错就改，值得奖励，现在我们的问题都解决了，你可以走了。"

陶行知的这种做法便是鼓励式的批评，没有严厉苛责，没有打击贬低，没有声嘶力竭，孩子也能够深刻地认识到错误。然而，很多家长在批评孩子时，使用的都是不正确的方式，比如恐吓式、打击式、对比式、贴标签式等，一旦孩子犯错就一味地打击，把他们同别人比较，给他们贴上标签，这样只会让孩子越来越

第10章 亲子关系：以爱为出发点，事半功倍

不自信，潜意识地变成被贬低的样子。

所以，家长们平时一定要多鼓励孩子，相信他们可以做好，孩子虽小，自尊心却很强，一味地贬低只会让他们感受到世界的恶意，受到伤害。

首先，父母要学会倾听，不要打断孩子的讲话，尊重他们的想法。孩子的想象力要比大人丰富得多，看问题的角度有时也很奇怪，当孩子表达自己的想法时，家长要做到充分尊重，不要从成人的角度去看待，认为他们在无理取闹或者狡辩，从而打断或者否定。

其次，冷静对待孩子的错误，不要伤害孩子的自尊心。

（1）分清场合。当众批评，会让孩子感到难堪和不满，也听不进。当孩子在人多的环境中犯错时，可以试着把孩子带离到无人或是人少的地方进行教育。

（2）注意言语。千万不要说"看别人家的孩子怎么那么懂事""你简直不可救药""你怎么这么笨""猪脑袋""再这样爸爸妈妈就不要你了""吃饭不长脑子"等伤害孩子自尊心的话语。这样的批评根本不是教育，只是家长在发泄情绪，同时会给孩子带来严重的伤害。

（3）就事论事。真正懂得批评的家长，着眼点会放在如何促进孩子改正缺点上，而不是揪着缺点不放，一股脑翻旧账，一旦孩子犯错，就会把之前的事情都拿出来说一遍，指责孩子的各种缺点。作业拖拉就讨论怎么完成作业，上课不认真听讲就只说为什么走神，和同学打架了就只问与打架相关的事情，不要翻旧账。

（4）适当冷处理。当孩子反应强烈、言语冲动的时候，家长就不要硬碰硬，和孩子杠起来，而要先把他晾在一边，等孩子冷静下来，平息冲动后再作说教。如果孩子情绪激动时批评，很可能演变成孩子与父母的"战争"，不仅解决不了问题，还会加深亲子矛盾。

家长要记住：批评是为了达到教育目的的工具。如果没有教育效果，甚至还有反作用，就不要用批评的方式。

最后，使用平和的表达方式，懂得让孩子体验学习。很多家长即使是在关心孩子时，也是一副气冲冲的样子，比如孩子出去玩回来晚了，就冲他大吼大叫，勒令他不准再出去玩。父母的本意是关心，害怕孩子在外面遇到危险，但使用这样的方式孩子不但体会不到爱，甚至会在心里埋怨父母管得太宽。另一方面，由于经历的不同，很多事情孩子并没有遇到过，所以根本无法体会父母的心情，就会表现出不在意的感觉，因此不必总是强调，适当让孩子经历、体验，他们才更能理解父母，家长千万遍说教，不如孩子亲身体验一遍有效。

对于孩子的行为，不要想当然

每一个爱孩子的父母都希望把孩子培养成一个乐观自信、乖巧懂事、有胸襟有抱负的人，甚至恨不得把所有美好的品质、德行都加诸于孩子身上。然而正是这样"预设"式的教育，用"好"与"坏"标签行为的方式，很多时候会让父母对孩子的行为都产生"想当然"的看法，以自己的主观意识为主，进行着"想当然"的教育，在无形间扼杀了孩子的纯真，加深亲子矛盾。

由于大脑发育的原因，再加上思考方式、阅历等方面的影响，孩子的想象力、好奇心通常比较重，思维方式跟成人有很大的区别，往往会产生一些"稀奇古怪"或者父母无法第一时间理解的想法和行为，因为不理解或者因为孩子没有按照自己想的那样去做，父母就会干扰孩子的行为，甚至批评和斥责孩子，而这无疑会给他们幼小的心灵带来伤害，让他们越来越不自信，越来越胆怯，或者跟父母唱反调，进行对抗。

案例导读

吃过晚饭后，全家人围坐在沙发上看电视聊天。

看到茶几上放着的苹果，萌萌伸手指了指对妈妈说："我想吃。"妈妈便拿来水果刀，削好切成几块放在了桌子上。看到女儿拿起了一块后，妈妈问道："第一块该给谁吃啊？"萌萌看了看妈妈，又看了看周围的家人，突然打定了主意："爷爷奶奶一块吃。"说着就拿着一块苹果向爷爷奶奶走去，看到女儿如此懂事，妈妈欣慰地笑了笑。

正在这时，萌萌突然停了下来，把苹果放到了自己嘴里，妈妈刚想说话"制止"，但还没说出口，就看见萌萌吐出了嘴里的苹果皮，又高高兴兴地递到了奶奶手里。妈妈这才放下心来，也庆幸自己没有来得及教育女儿，否则孩子该多么委屈和伤心啊！

案例中的妈妈自然是爱孩子的，也因此对孩子充满了期望，而当孩子的行为与自己所希望的不同时，她的第一反应就是制止、教育，这也是现实中很多家长的做法。试想一下，如果例子中的妈妈及时将话说出了口："宝贝，你不可以这样，应该给爷爷奶奶的。"孩子会是什么样的反应，即使她没有生气或者进行辩解，委屈的情绪也很可能在心里产生。

著名启蒙思想家、教育家卢梭就曾说过：要尊重儿童，不要急于对他作出或好或坏的评判。所以，家长们对于孩子的行为不要想当然地进行判断，不要迫不及待地去制止，孩子虽小，但也有自己的内心世界，要尊重孩子的想法与做法。

也有人可能会说，那要是孩子的确就是有不好的想法和举动呢？也不去管任由其发展下去吗？当然不是！当孩子产生一些消极的想法或者做出不合时宜的举动时，家长们可以尝试这么去做。

1. 观察。与孩子相处，家长们最应该学会的一件事情就是有耐心，多留一些时间看孩子想要做什么，而不是按照自己的思路去推断，孩子的想法往往是出人意料的。

2. 询问。在观察无果的情况下，家长们也可以像第一个小故事中的主持人那样，直接开口询问孩子，为什么会采取这样做法。

把一切事情都弄明白之后，家长再决定如何去做，如何去评判，不要让好坏的标准框住孩子的童真。

除了对自己的孩子如此外，其他的小朋友，如孩子的朋友、伙伴也应该如此，

第 10 章 亲子关系：以爱为出发点，事半功倍

尤其是他们在一块玩耍时，对于孩子之间的相处，家长们也不要"想当然"。

案例导读

涛涛和一群小伙伴在一块玩得很开心，这时候涛涛的身边突然站过来一个比较强壮的孩子小刚。不一会儿，游戏进行了分组，涛涛和小刚没有分到一块，小刚就推了涛涛一下，涛涛很自然地走开站到了自己的队伍中。恰巧，这一幕被涛涛妈妈看见了，她觉得小刚那么强壮，力气肯定很大，推儿子那一把一定不轻，涛涛跟他在一块玩不安全，于是便疾步走过去，拉住涛涛说道："儿子，我们回家吧。"

涛涛刚开始玩，兴致盎然，说什么也不愿意回去，涛涛妈妈只好用对涛涛吸引力更大的"儿童乐园"为诱饵，把涛涛哄走了。

到了游乐园，涛涛便和其中几个年纪相当的小朋友在海洋球池里玩，过了一会，有几个好动、年龄稍大的孩子快速地从一旁的滑梯上，"砰"的一声跳进了球池里。周围正在聊天的妈妈们闻声而来，一遍喊着"小心点"，一边赶紧把孩子从球池中央拉到了边上。

孩子被别人推了一把，身为父母，心里肯定不舒服，觉得自己的宝贝被人欺负了；因为对孩子的爱，所以能够敏感地感觉到周围的"危险"因素，从而让孩子远离。这是很多父母的本能，希望自己的孩子不要受到一点伤害，然而却在无形中破坏了孩子的学习环境，剥夺了孩子锻炼的能力，也干扰了孩子的正常交往。

实际上，孩子之间的相处是很纯粹的，他们会很直接地表达情绪，会吵闹，但多数是没有恶意的。而家长们带着成人的眼光，按照自己的预想，去判断和看

待孩子们的行为，直接出手保护，让孩子失去了很多"受挫"的机会。

家长不可能永远守护在孩子身边，应该尝试着让孩子自己去面对和解决一些事情，不要把他们想得太脆弱，不要把他们保护得太好，不要对他们的行为"想当然"。

别心急，让孩子按照自己的节奏成长

世间万物的生长、万事的发展都遵循着一定的规律，有着自己的节奏，正如那句话所说——播种有时，花开有时，结果有时，凋零有时。人也是如此，人的成长和花草树木一样，也有自身的规律和节奏。

这意味着父母在养育孩子时要遵循它们的成长规律，就像养花一样，要耐心地等待花开的时刻，不能操之过急，揠苗助长，这样非但不能达到目的，反而会阻碍了孩子身心的健康发展。

实际上，每个孩子从出生起就具备了基因带来的先天性气质和天赋，这些天赋一般会随着年龄的增长逐渐显露出来，而作为家长，在家庭教育中要做的就是帮助孩子发掘和守护这些天赋，留给他们充足的自由发展空间。当然，这些天赋具体何时成型是不确定的，就像有人少年成名，也有的人大器晚成。但是，如果父母过于干预、设计孩子的成长，就有可能在无形中抑制他们的天性。尤其中国式家庭教育，往往会以"听话与否""是否落后于他人"作为衡量教育好坏的标准，为孩子贴上"好"和"坏"的标签。

案例导读

有一个小朋友，他学习一般，也没有什么特长，就是人们眼中极其普通的一个小孩。在一次偶然的分班测试中，他发挥超常，进入了一个比较好的班级。这个班级里的学生都有很强的学习能力，而他学习能力一般，此后成绩都处于中下游水平。

由于说话口齿不清、动作缓慢，同学们都嘲笑他，给他起外号；由于字迹潦草，作业不工整，老师把他当成坏学生，认为他已经无可救药。

他12岁时，班上的两个男同学还用一袋糖果打赌，说他永远不可能成材。尽管在学校不受欢迎，成绩也不好，但是他在生活中有很多的兴趣爱好，他喜欢玩具火车、飞机、轮船，对所有的事物都感到好奇，并热衷于研究他们的运作原理。

最终，这个孩子成为了最杰出的物理学家，成为了人们口中的天才，他就是——史蒂芬·霍金。

霍金的成功，除了本身的努力外，也有赖于他的父母，守护和发掘了他隐藏的天赋，让他自由地成长。

他的父母并没有因为他的迟钝和"糟糕"而责怪他，为他规划一切，也没有阻止他的好奇心，干预他经常拆东西的"坏习惯"，相反，在他十几岁时，父亲还亲自担任起他的数学和物理教练，带领他在喜欢的领域做喜欢的事情。

很多家长都会为孩子设计各种未来，从小到大都管控着孩子们的生活、学习甚至工作，该吃什么，吃什么对身体不好，什么时间该学什么，几岁会吃饭，几岁会走路，多大谈恋爱，多大结婚，做什么样的工作等，这样只会让孩子失去培养兴趣爱好、发挥内在潜力的机会，使他们在不喜欢的事情中逐渐将热情消失殆尽，变得更加平庸。

这样的父母通常都有一个共同点，那就是希望自己人生中的遗憾或者没有实现的愿望，能够在孩子身上得以弥补或成真，于是就会想方设法地将自己的人生经验告诉孩子，该做什么不该做什么，该怎样做不该怎样做，不让他们走弯路，重蹈覆辙，从而比自己过得更好。

这样的苦心应当被理解，但是父母们往往忽略了一个事实，那就是每个个体都是不同的，自己的经验放在孩子身上未必合适，并且任何时候都只有亲身经历，才能真正体会到人生的真谛，悟出道理，而非仅靠说教就能达到目的。

案例导读

一位网友分享了一段自己和孩子相处的经历：

我们家的孩子今年上三年级，其他方面都挺好，就是吃饭特别磨蹭。有一次，我和孩子妈妈摆放好饭菜，喊了他好几次都不来吃，最终，我忍无可忍把他骂了一顿，孩子哭了之后，我心里也很不好受。后来，我跟孩子进行了谈心，孩子说了一番话令我印象非常深刻，他说："有时候我并不是故意磨蹭，但你和妈妈一个劲儿地催，我心里就非常抵触，就越想和你们反着来，其实我有自己的打算，希望你们不要追得太紧。"后来，我们就按孩子说的，不再一个劲儿地催促，而孩子也不那么磨蹭了，孩子有他自己的节奏，我们做家长的，要最大限度地尊重。

那么，家长们究竟该如何做呢？难道真的要放任孩子不管？在这里给家长们几条建议。

1. 平常心对待孩子生理方面导致的问题。由于每个孩子的发育快慢不同，呈现的生理状态也有所不同，比如有的孩子十个月就学会了走路，而有的十五个月才会；比如有的孩子十二岁时就开始长高，而有的孩子则推迟到成年前后。这些在一定范围内都是正常的现象，家长们大可不必着急，尽量多了解相关方面的知识，千万不要过早强迫孩子进行训练，给孩子带来过大的精神负担。

2. 尊重孩子的知情权。很多家长认为孩子年龄小，有些事情就没必要同他们商量，这也是不正确的。对于家庭中的事情，尤其是与孩子本身相关的，他们都有知情权，作为父母要同孩子商量，不要自己直接做主。

3. 遵从孩子的内心节奏。 让孩子按照自己的节奏，遵从内心的秩序生活和学习，不要因为他们做得慢或者做得不好而责怪或者代替他们去做，孩子的成长需要时间，也需要亲身实践，父母要尊重他们的节奏，适当放慢脚步，耐心地等一等。

研究表明经常被打乱节奏的孩子，很容易出现早熟、易烦躁、耐性差等特征，或者出现反应迟缓、缺少责任心等特点，甚至容易在父母的持续否定中失去自信，失去自我，逐渐变得没有主见。

4. 不要过于强迫孩子学习。 当下，为了不让孩子输在起跑线上，父母们在学习方面尤其严格，往往会要求孩子报各种补习班、特长班，也会时时督促孩子写作业做练习，但是如果过于严苛，则会打消孩子的学习积极性。要给予孩子充足的休息娱乐时间，最好的方法是能让孩子在玩中学，从实践活动中获取知识。

孩子的心智就像露出地面的嫩芽，只要给予一定的阳光和养分，就能茁壮成长，家庭教育的作用就是给孩子营造良好的成长环境，进行合理的引导，而不是将力量施加在他们身上，让他们脱离原本的生长轨迹。

懂得放手，留给孩子"自主"的空间

好的教育，是相信孩子，激发并呵护孩子。每个孩子都有他的特色和节奏，家庭教育的重点就是帮助孩子认识自己和整个世界，确认外界的善意，相信自己的能力，而不是去雕刻他们。

然而，家庭中最常见的，就是家长们太喜欢把自己的意志和想法强加给孩子，让自己的动力在孩子身上得以实现，教孩子怎么做，给孩子施加压力，而这就是在破坏孩子自身的动力，是一种糟糕的教育。

父母或老师，用威压或暴力方式逼迫孩子时，不管孩子心中是如何看父母、做辩解的，他们内在产生的感知都是，父母或老师是"恶势力"。这时候，如果孩子服从了，他就会认为自己被"坏人"打败从而产生一种羞耻感，所以，为了避免这样的局面，孩子往往会选择反抗，对老师和父母说"不"。

另一种情况，就是父母对孩子过于关爱，从衣食住行到学习训练，事无巨细，这样不仅会影响孩子的正常生活，引起他们的反感，还会耽误孩子独立性的培养，造成生理和心理的障碍。

如果父母存在以下行为，就说明存在对孩子管教过度、干预过度的情况。

第一，干涉孩子的各种决定。

有一种家长被称为控制型，他们的典型特点就是把孩子的一切都掌握在自己的手中，不管孩子年龄多大，是否成年。这样的父母尤其喜欢干预孩子的各种决定，小的时候管学哪种特长，学哪个科目，成年后管参加什么工作，买什么样的房子，只有把孩子的动向、决定都掌握，他们才会心安舒畅，否则就会焦虑不安。

第二，干扰孩子的自主时间。

这是家长最常见的过度管控行为，主要表现在两方面，一是干涉孩子与伙伴之间的交往；二是干涉孩子参与什么项目以及时长。比如，父母从主观上判断孩子的周围出现某种危险元素，就立刻行动让孩子远离某些事情；孩子写完作业打算自由活动一会儿，父母就在旁边唠叨：别看电视、别玩游戏、你都玩了多长时间了……这样做的危害一是孩子没有机会学会独立处理可能发生的矛盾，二是会让他们越来越反感学习。对于孩子的自主时间，家长尽量不要干预，可以适当参与其中和他们一起游戏，只要安全有保障，最好让孩子自己应对、解决、处理。如果必须介入，父母最好充当"仲裁人"的角色，而不是为孩子们提出解决方法，或有意无意地偏袒一方。

第三，过分关心孩子的衣食住行。

"儿子，你吃点这个鱼吧，可有营养了。""我知道了，妈妈，但是我不太喜欢吃。""你尝尝很好吃的，你不吃怎么知道不好吃呢。"……"天冷了，你穿上这件毛衣吧。""妈妈，我穿得挺多的不冷。""看你穿那么薄，怎么可能不冷，快点穿上吧。"……这样的对话，我们是不是很熟悉。

总是要求孩子吃什么穿什么，指导怎么吃怎么穿，这是很多妈妈的通病，总觉得孩子还小，害怕他们吃不饱穿不暖。如果孩子存在偏食、食欲不振、日渐消瘦的情况，就应该去咨询医生；如果不是，就不必过于担心，不要在饭桌上变成"唠叨狂"，强制孩子吃不想吃的东西。

过于苛求孩子们的穿着。有些家长总觉得孩子穿得少或者穿着不得体，因此常常在衣着上跟孩子较劲，即使有时你认为孩子这样穿很难看，也不要过于强求。

中国式父母最热衷于这样表达对孩子的关爱，生怕孩子吃不好住不暖。其实，在孩子四五岁之后，家长就无需在衣食住行方面特别照顾。只有合理引导，适时提醒，这样才能培养孩子的独立性。作为父母要学会站在孩子们的角度来考虑，学着尊重孩子的"主见"，不要总是从自己的观点来看问题。

第四，窥探孩子的隐私。

家长们出于担心，害怕孩子有什么重要的事情瞒着自己，就会采取另类的方式获取自己想知道的信息，比如偷看孩子日记，偷偷登录孩子的社交账号，监视孩子等。很多教育学家都曾说过，搜查孩子的卧室是一种卑劣手段，不但不能解决问题，还会导致信任危机，引发亲子矛盾。

随着年龄的增长，孩子有一些自己的小秘密是正常的，如果父母察觉到孩子有异常，可以直接跟孩子进行沟通，敞开心扉交谈，也可以在远处观察孩子，但不要妨碍孩子在生活中的体验。

第五，要求孩子详细汇报行踪。

一些家长，尤其是孩子刚上幼儿园时，担心孩子不适应，跟同学相处不好，在孩子放学回家后就会乐此不疲地询问白天发生过什么事情，学了什么东西，甚至有的时候孩子和小伙伴一块儿出去玩，回来后也会被要求汇报行踪。

这种行为虽然没有直接剥夺孩子的个人自由，但却严重影响了他们的正常活动和交往，会给孩子带来极大的心理负担。

第六，过度干涉孩子的学习。

对于家长来说，相比于孩子在学校的表现，家庭作业、暑假作业更容易"管控"。因此，很多家长都会特别在意孩子在家里的学习，或提意见或提供帮助，然而这对于孩子来说，无异于被监视，这种感觉会让孩子无法保持良好的学习状态。一般情况下，二、三年级以上的孩子已经具备了自我学习的意识，家长没有必要过度关注，当孩子遇到难题时，也应该留给他们独立思考的空间，而不是直接提供帮助，否则时间一长，孩子就会依赖上这种模式，变得拖沓不爱动脑。

家庭教育的最终目的是要培养出一个人格健全、积极乐观、个性独立、善于思考、有能力解决问题的人，而不是一个孤僻消极、思想麻木的"听话机器"。而如果父母对孩子管控过度，总是干涉他们的一切，那么结果很有可能与所期待的相去甚远，所以，家长们要懂得放手，给孩子一些自主空间，要相信他们自己能够做好。